LONDRA

GEZİ REHBERİ

LONDRA

GEZİ REHBERİ

DÜNYANIN KÜLTÜR BAŞKENTİ

Sara Calian

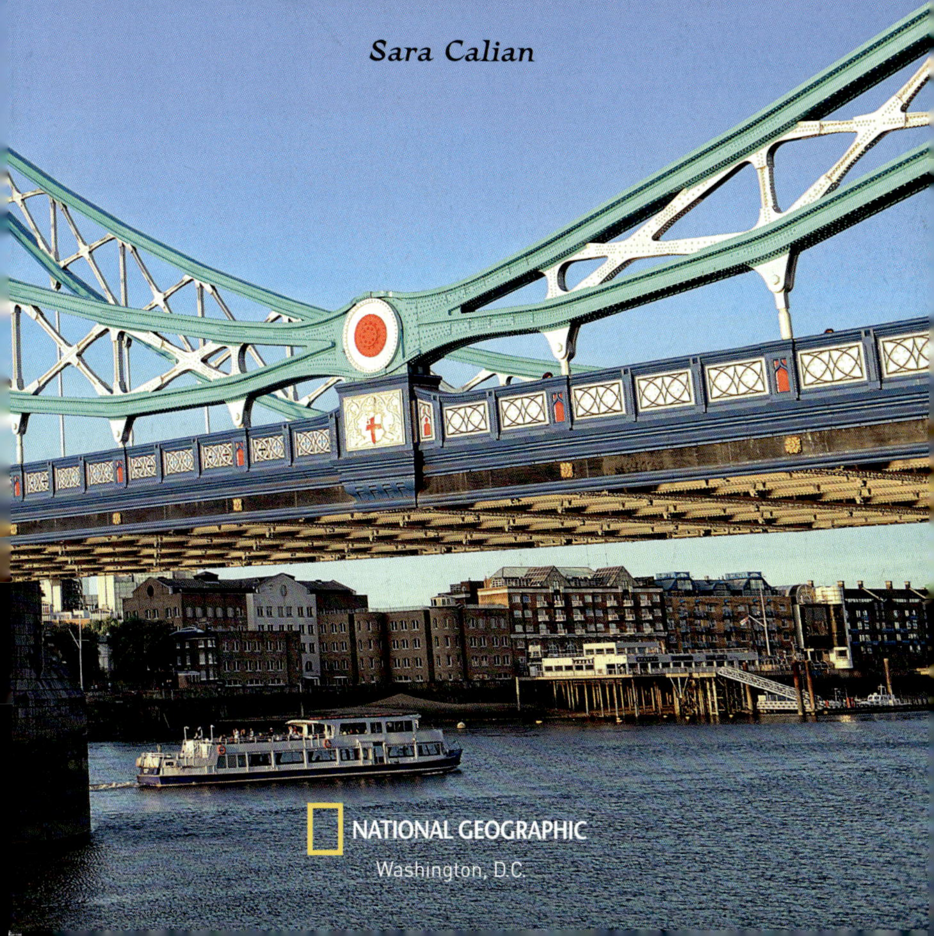

NATIONAL GEOGRAPHIC
Washington, D.C.

LORD MAYOR'S
128
SHOW

LONDRA

GEZİ REHBERİ

İÇİNDEKİLER

Önceki sayfalar: Tower Bridge; Solda: The Lord Mayor Şovu; Üstte Sağda: Chelsea Royal Hospital'da emekliler Chelsea; Sağda: Piccadilly Circus'daki Eros heykeli

Giriş

Büyük İngiliz yazarı Samuel Johnson bir zamanlar "Londra'dan bıkan, hayattan bıkmıştır," demiştir. Ben çoğunlukla yürüdüğüm için, pek çok kez yorgun düşsem de, şehirden asla bıkmadım. 60'lı yıllarda henüz 14 yaşında olduğum günlerden beri Londra sokaklarını yürüyorum. O zamanlar Londra'da Beatles havası esiyordu; jazz, yeni deneyimler ve dolu dolu bir hayat. Farklı bir kültürel şive, devrim yaratan mimari tasarımlar ve zalim trafik kısıtlamalarına rağmen bugünki Londra'ya çok benziyordu. Emin olduğum tek bir şey var: Bu harika şehri keşfetmek için onu yaya olarak gezmelisiniz. Şehri yaya olarak dolaştığınızda enerjisini yakından hissedersiniz. Mekân ile bağlantı kurarsınız. Yerli halk ile yüz yüze gelirsiniz. Semtler dostane bir hale gelir ve mağaza vitrinleri sizi kendine çeker. Şehrin ahengini hisseder, enerjisinin nereden geldiğini ve nereye doğru aktığını görürsünüz. Çiçekleri koklar, anıtların üstündeki ufak yazıları okur, yerel ünlülere rastlar, parktaki çimlerin üzerine oturur, iş günü sohbetlerine kulak misafiri olur, sizi çeken gece kulübü ritimlerine katılır, gelişigüzel bir sabah espressosunun tadına bakar veya sadece oturup doğal bir şekilde akan hayatın tadını çıkarabilirsiniz. Arabalar ve bisikletler belli bir rota üstünde ilerlemek zorundayken yayalar başıboş gezebilir, keşfedebilir, oyalanabilir ve burunlarının götürdüğü yere gidebilirler. Adım adım ilerlemeyi tercih eden bir gezginin en büyük eğlencesi tesadüflerdir.

Millennium Bridge (Millennium Köprüsü), Thames'in güney kıyısındaki Tate Modern ile Globe tiyatrosunu şehrin kuzey kısmı ile birleştirir.

Keith Bellows
Baş Editör, National Geographic Traveler Dergisi

Londra'yı Ziyaret Etmek

Londra dünyadaki şehirler arasında kültürel zenginlik ve dinamiklik bakımından başı çeken yerlerden biridir ama 7,5 milyonluk halkı, her yıl gelen 27 milyon ziyaretçisi ve 1.600 km^2 alanı ile deneyimli gezginler için bile sersemletici olabilir.

Özetle Londra

M.S 50 yılında kurulan ilk Roma şehrinden günümüzün modern metropolüne kadar, Thames Nehri her zaman Londra'nın kalbi olmuştur. Yüzyıllar boyunca Londralılar için ana yoldu ve günümüzde gemiler ile gezebilir veya hâlâ şehri anlamak için mükemmel bir yol olan yayalaştırılmış South Bank kıyısında yürüyebilirsiniz. Tower of London, St. Paul's Cathedral, Parlamentonun Westminster'daki evi ve Tate Britain gibi yapıların hepsi kuzey kıyıdayken, kültürel kurumlar (Globe Theatre, Tate Modern ve South Bank sanat kompleksi) canlandırılmış güney kıyıdadır.

Londra'da Yolunuzu Bulmak

Londra'nın planı kafa karıştırıcı olabilir, bazı sokaklar sersemletici dönüşler yapabilir ve birbirine çok benzeyebilir ama bu devasa şehirde yaya olarak

Londra Müze Saatleri

Pazartesi Sir John Soane's Museum, Whitechapel Gallery ve Apsles House hariç çoğu yer açıktır. Courtauld Gallery'e giriş 14.00'e kadar ücretsizdir.

Salı Apsley House hariç çoğu yer açıktır. British Library saat 21.00'e kadar açıktır.

Çarşamba Her yer açıktır.

Perşembe Her yer açıktır. British Museum saat 20.30'a kadar açıktır.

Cuma National Gallery (21.00'e kadar açıktır), Victoria and Albert Museum (22.00'ye kadar açıktır) ve Tate Modern (22.00'ye kadar açıktır). Spitalfields ve Borough marketler geç saatlere kadar açıktır.

Cumartesi Müzeler ve galeriler açıktır ama Old Bailey ve Houses of Parliament kapalıdır. Tate Modern 22.00'ye kadar açıktır. Portobello, Camden Lock ve Borough marketlerin hepsi açıktır.

Pazar Çoğu müze ve galeri açıktır ancak Sir John Soane's Museum, Old Bailey ve Houses of Parliament kapalıdır. Westminster Abbey ve St. Paul ibadet edenlere açıktır ama gezmek isteyenler için kapalıdır. Globe hariç çoğu tiyatro kapalıdır. Mağazalar öğlenden 18.00'e kadar açıktır. Spitalfields, Petticoat Lane ve Brick Lane marketler açıktır.

Londra'nın en ünlü iki ikonu nadir bulunan mavi gökyüzünün altında yan yana. Şehrin sürekli değişen havasıyla ünlü olduğu doğrudur, bu nedenle yanınıza bir şemsiye ve yağmurluk alın.

yolunuzu bulabilmek için bazı hileler vardır.

Pek çok Londralı her evden ayrılışlarında yanlarına cep boyu London A-Z sokak rehberini alırlar. Eğer kaybolursanız ve bir haritanız yoksa, bir otobüs durağı bulun. Tüm otobüs duraklarında yerel bölgenin bir haritası bulunur. Hangi otobüs durağında olduğunuza bakın (merkezdeki kırmızı daire içine alınmış beyaz harflere bakın), haritada durağınızı bulun ve yerinizi öğrenin. Yön bulmak için nehre güvenmeyin. Londra merkezinin çoğu Thames'in kuzey bölümünde kalsa da, nehir dönüşler yapar ve yol bulmak için iyi bir rehber değildir. Örneğin eğer Thames'den karşıya, Westminster'a bakıyorsanız, güneye değil doğuya bakıyorsunuz demektir.

Yoldan Karşıya Geçmek

Yayalara kırmızı ışık yanarken sokaktaki yaya geçitlerinden karşıya geçmek İngiltere'de yasak değildir ve yayalar geçiş üstünlüğüne sahiptirler. ama bu akan trafiğin içine adım atmak için verilmiş bir izin değildir. Araçlar yolun sol tarafından giderler, bu nedenle karşıdan karşıya geçmeden önce ilk olarak sağa (tek şeritli bir yolda değilseniz) bakmanız gerekir. Özellikle kaldırım kenarlarında dolaşan, sessiz bir şekilde hareket eden ve genellikle trafik işaretlerini görmezden gelen bisikletlilere dikkat etmeniz gerekir.

Bu Rehberin Kullanımı

İster sadece yürüyüş, isterse şehrin toplu taşımasının avantajlarından yararlanılarak yapılacak bir gezi olsun, her tur harita ile gösterilmiştir ve açılış saatleri ile mekânların en az kalabalık olduğu zamanlar göz önüne alınarak hazırlanmıştır. Pek çok tur yakın restoranlar, tiyatrolar veya akşam aktiviteleri için hareketli noktalarda sona erer.

Hızlı Turlar

Hızlı Turlar şehirde sadece bir gün veya bir hafta sonu geçirecek olanlar içindir ve en iyinin en iyisini görmenizi sağlar. Turunuzu sahip olduğunuz zamana veya ilgi alanına göre seçebilirsiniz: Bir Gün, Hafta sonu (1. Gün & 2. Gün), Eğlence İçin ve Çocuklarla (1. Gün & 2. Gün).

İpuçları Bir Gün ve Hafta sonu turları için verilen İpuçları bölümü, yol haritasını takip edenler için yerli halktan alınan bilgiler, ilaveten görülmesi gereken yerler, yakın cafeler ve restoranlar ile turunuzu ilgi alanlarınıza göre kişiselleştirmenize yardımcı olacak bilgiler sunar.

Mekân Tanıtımları

Eğlence İçin ve Çocuklarla turlarının haritalarını takiben verilen detaylar, tüm mekânların tanıtımlarını ve ziyaretçiler için kullanışlı olacak bilgileri sunar.

Semt Turları

Dokuz semt turunun her biri tanıtım ile başlar ve görülmesi gereken mekânlar hakkındaki bilgilerin ve yerlerinin işaretlenerek turun oluşturulduğu yol haritası ile devam eder. Her tur, rotanız üzerindeki mekânların biri hakkında detaylı bilgi veren "Yakından Bakın", bölgenin geçmişi hakkında özet sunan "Londra Farkı" ve mekânları temalarına göre gruplayan "En İyisi" bölümlerini barındırır.

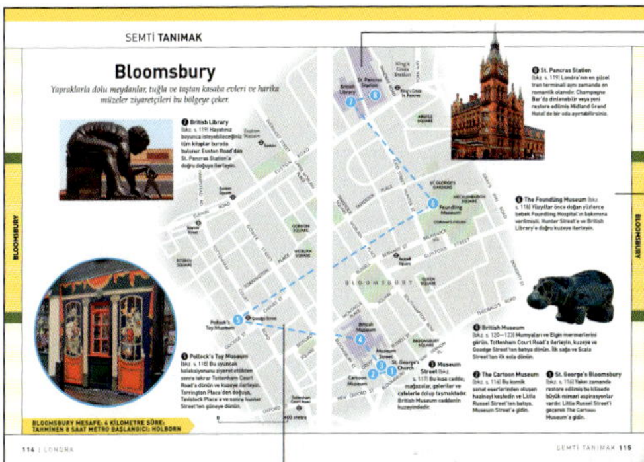

Yol Haritası Semt içindeki görülmesi önerilen mekânların, metro duraklarının ve ana caddelerin yerlerini gösterir.

Başlıklar Bunlar önerilen mekânları kısaca tanıtır ve turunuzdaki bir sonraki hedefi bulmanız için gerekli talimatları verir. Sayfa referansları sizi mekânların daha uzun tanıtımını sunan diğer sayfalara yönlendirecektir.

Rota
Noktalı çizgiler mekânları birbirine bağlar.

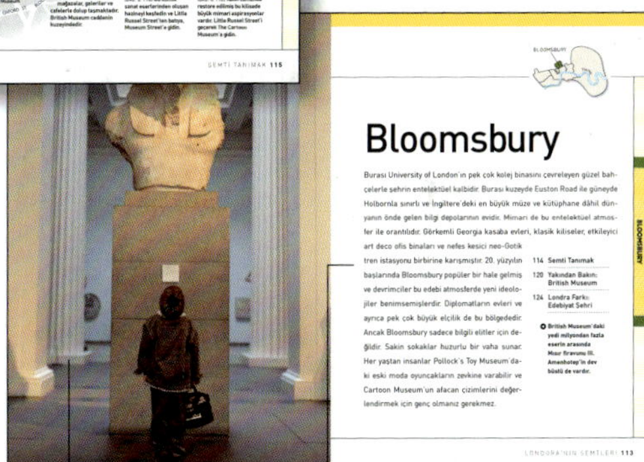

Mekânlar İçin Fiyat Aralıkları

£	£3 altı
££	£4–£7
£££	£7–£11
££££	£12–£15
£££££	£15'den fazla

Yemek Fiyatları İçin Fiyat Aralığı (İçki hariç kişi başı)

£	£12'un altında
££	£12–£20
£££	£20–£30
££££	£30–£50
£££££	£50'dan fazla

Yemek Yenecek En İyi Yerler bölümü tur rotanız üzerindeki cafe ve restoranların en iyilerini sunar.

Mekân Tanıtımları Turun sırasını takip eden bu bölüm mekânlar hakkında detaylı bilgi ve her biri için göze çarpan önemli noktaları anlatır ve adresi, internet sitesini, telefon numarasını, giriş ücretini, kapalı olduğu günleri ve en yakın metro istasyonunu belirtir.

BÖLÜM 1

Hızlı Turlar

Bir Günde Londra

Bir günlük bu turla Londra'nın harika yerlerine genel bakış atın.

7 National Gallery
(bkz. s. 92–93) Dünyanın en büyük sanat koleksiyonunu keşfedin. Eğer tek bir tablo için vaktiniz varsa, mutlaka Vincent van Gogh'un "Sunflowers" tablosunu görün.

1 Buckingham Palace
(bkz. s. 58) Tarihi olaylarda kraliyet ailesinin halka el salladığı balkona bakabilirsiniz. 1837 yılından beri kraliyetin Londra evi olan saraydan, St. James Park boyunca dolaşın ve Parliament Square'e ulaşın.

2 Westminster Abbey
(bkz. s. 64–65) 38 kralın taç giydiği büyük kilisenin gökyüzüne yükselen Gotik kulelerini görün. Kiliseden sağa, Parliament Square'e dönün.

BİR GÜNDE LONDRA - MESAFE: 10,4 KİLOMETRE
SÜRE: TAHMİNEN 8 SAAT METRO BAŞLANGICI: HYDE PARK CORNER

❻ St. Paul's Cathedral (bkz. s. 48–49) 528 basamağı çıkın, Whispering Gallery'i geçin ve Londra'nın panoramik görüntüsüne ulaşın. No. 15 otobüsünü yakalayarak batıya, Trafalgar Square'e doğru ilerleyin.

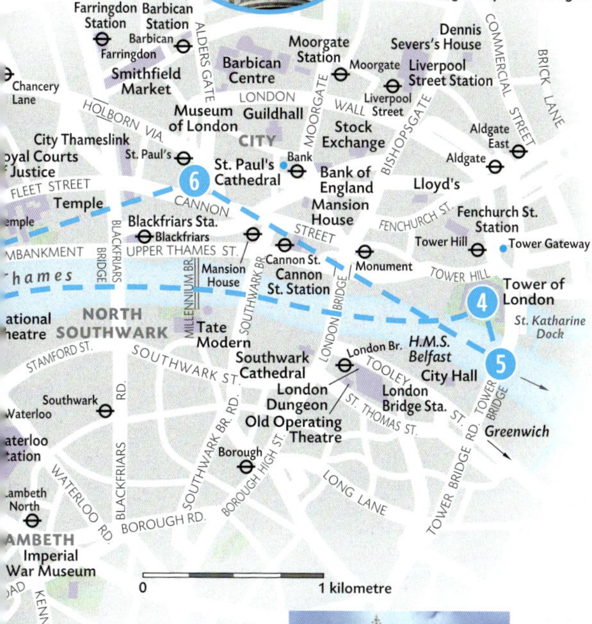

❺ Tower Bridge (bkz. s. 162–163) Parlayan makineyi görmek için Viktorya dönemi makine odasını ziyaret edin. Nehrin güney yakasına geçin ve Thames Path'ı takip ederek batıya, Millennium Bridge'e ilerleyerek kuzeye, St. Paul's Cathedral'e dönün.

❹ Tower of London (bkz. s. 168–169) 1066 yılında Kral William the Conqueror tarafından yapılmış ve iyi korunmuş bu kraliyet kalesinde Yeoman bekçileri ile kraliyet mücevherleri görülmeye değer şeylerin sadece bir kaçıdır. Tower Bridge Approach'a uzanan merdivenleri çıkın.

❸ Parlamento Evleri (bkz. s. 58–59) Bu Viktorya dönemi Gotik yapının kuzey ucundaki Big Ben saat kulesi Londra sembollerinden biridir. Westminster Pier'den aşağıya inerek nehir taksisi ile doğuya gidin.

İpuçları

Bunlar Londra'daki mutlaka görülmesi gereken yerlerdir. Hepsi kitabın başka sayfalarında daha detaylı olarak anlatılmıştır, daha fazla bilgi için sadece referans olarak verilen sayfa numaralarını takip etmeniz yeterlidir.

❶ **Buckingham Palace** *(Buckingham Sarayı - bkz. s. 58)* Eğer kürk başlıklı gardiyanlar hakkında daha fazla şey bilmek istiyorsanız, sarayı koruyan beş farklı birlikten gelen sanat eserlerinin sergilendiği ■ GUARD MUSEUM'a *(Gardiyan Müzesi - Wellington Barracks, Birdcage Walk, SWI, www.theguardsmuseum.com, 020 7414 3271, ££, kamu tatilleri ve diğer özel günlerde kapalıdır)* mutlaka uğrayın.

Londra Meclisinin evi olan City Hall, Mimar Norman Foster tarafından tasarlanmıştır.

❷ **Westminster Abbey** *(Westminster Manastırı - bkz. s. 64–65)* Kiliseyi keşfettikten sonra parlamento evlerine bitişik olan ■ VICTORIA TOWER GARDENS'ı *(Viktorya Kule Bahçeleri - Abingdon St., SW1)* ziyaret edin. ■ BUXTON MEMORIAL FOUNTAIN'ı *(Buxton Anıt Çeşmesi)* da içeren, nehir kıyısındaki sakin bir parktır ve 1834 yılında İngiliz İmparatorluğundaki esirlerin özgür bırakılması anısına yapılmıştır.

❸ **Parlamento Evleri** *(bkz. s. 58–59)* Parlamento evlerinin çanı her 15 dakikada bir çalar ama ■ BIG BEN'i sadece saat başlarında duyabilirsiniz, bu yüzden yankılanan çan sesini duymak için bekleyin. Parlamento çevresindeki turun hızlı bir alternatifi ise kraliyet mücevherlerinin saklandığı ve şimdi Parlamento tarihini sergilemekte olan 700 yıllık ■ JEWEL TOWER'dır *(Mücevher Kulesi - Abingdon St., SW1, www.english-heritage.org.uk, 0870 333 1181, £, 1 Ocak ve 24 – 25 Aralık tarihlerinde kapalıdır)*. Nehirde seyahat etmenin en hızlı yolu ■ THAMES CLIPPERS nehir taksisidir (bkz. s. 30). Daha yavaş bir seçenek için rehberlerin nehir hakkında ilginç gerçekler ve geçmişten kalan hikâyeler ile nehre hayat verdiği tur teknelerinden birine binebilirsiniz.

❹ **Tower of London** *(Londra Kulesi - bkz. s. 168–169)* Buraya girmek için saatlerce sıra bekleyebilirsiniz. Eğer bekleyecek vaktiniz yoksa M.S 675 yılında yapılmış bir Sakson kilisesi olan ▪ ALL HALLOWS BY THE TOWER'ı *(Byward St., EC3, www.ahbtt.org.uk, 020 7481 2928)* ziyaret edebilirsiniz. Altıncı Amerika Birleşik Devletleri başkanı olan John Quincy Adams 1797 yılında burada evlenmiştir. Tower Hill metro istasyonunun hemen dışındaki ▪ LONDON WALL'ın *(Londra Duvarı)* orijinal bölümüne bir göz atın. Tarihi M.S 225 yılına kadar uzanan 10,7 metre yüksekliğindeki duvar, bin yıldan uzun bir süre boyunca şehrin sınırlarını belirlemiştir. Eğer yorulmuşsanız Tower'ın hemen kuzeyindeki ▪ TRINITY SQUARE *(Trinity Meydanı)* dinlenmek için iyi bir yerdir. Meydan, Londra'daki kamuya açık pek çok idama sahne olmuştur. Her iki Dünya Savaşı boyunca hayatını kaybetmiş askerlere adanmış bir anıtta burada bulunur.

❺ **Tower Bridge** *(Kule Köprüsü - bkz. s. 162–163)* ▪ TOWER BRIDGE'in hemen doğusunda, harika cafeleri ve restoranları ile öğle yemeği için ideal bir yer olan ▪ ST. KATHARINA DOCKS *(St. Katharina Rıhtımı)* bulunur. Yazın köprünün güney bölümündeki ▪ THE SCOOP'da ücretsiz filmler, oyunlar ve müzikal performanslar izleyebileceğiniz, London Assembly binasının 800 sandalyeli açık hava amfi tiyatrosu kurulur.

GÜNÜNÜZÜ **KİŞİSELLEŞTİRMEK**

Eğer gününüze biraz alışveriş sığdırmak istiyorsanız, One New Change alışveriş merkezi *(One New Change, EC4, www.onenewchange.com)* St. Paul's Cathedral'in doğusundadır ve giyim mağazalarının yanı sıra mücevher ve hediye mağazaları da barındırır. Ayrıca Strand'den No. 15 otobüsüne binebilir ve Covent Garden boyunca uzanan mağazalara bakabilirsiniz (bkz. s. 102).

❻ **St. Paul's Cathedral** *(bkz. s. 48 – 49)* Katedrali turladıktan sonra yakındaki ▪ ST. BARTHOLOMEW'S HOSPITAL'a *(West Smithfield, EC1, www.bartsandthelondon.nhs.uk, 020 7377 7000)* uğrayabilirsiniz. İngiltere'nin en eski hastanesi olarak 1123 yılında kurulmuş olsa da, pek çok yeni bina 18. yüzyıla dayanır. İskoç kahraman William Wallace'ın (Braveheart olarak da bilinir) ölümüne adanmış plaketi mutlaka görün, kendisi burada 1305 yılında idam edilmiştir.

❼ **National Gallery** *(Ulusal Cafe - bkz. s. 92 – 93)* Paul Cézanne, Claude Monet ve Vincent van Gogh gibi sanatçıların eserlerini gördükten sonra galeri kapanmış olsa bile açık olan ▪ NATIONAL CAFÉ (bkz. s. 140) galerisinde yemek yiyebilirsiniz.

Bir Hafta Sonunda Londra

Turunuzun ilk gününü müzeleri ve sarayları gezerek, harika alışveriş seçeneklerinin ve manzaraların tadını çıkararak geçirin.

❶ Madame Tussauds (bkz. s. 22) Neredeyse 200 yıldır bal mumu heykeller insanları büyülemiş, şok etmiş ve ziyaretçileri kendine çekmiştir. Metro ile Knightsbridge'e gidin.

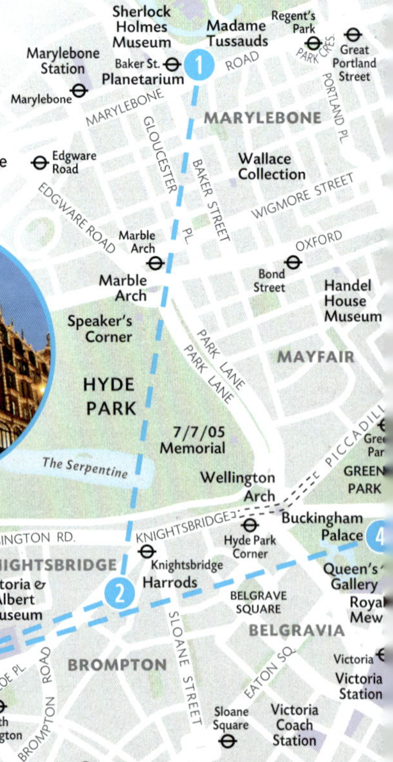

❷ Harrods (bkz. s. 146–147) Londra'nın en ünlü mağazasının yemek alanı her zevki memnun edecek kadar geniştir. Brompton Road üzerinden batıya ilerleyin.

❸ Natural History Museum (bkz. s. 136–137) Mavi balinanın boyu sizi şok edecek, *T. Rex* dişi sizi korkutacak veya doldurulmuş kutup ayısına hayran kalacaksınız. Metro ile St. James's Park'a gidin.

❹ Buckingham Palace (bkz. s. 58) Sarayı görmenin yanı sıra ön taraftaki Kraliçe Victoria'ya adanmış olan mermer anıtı görün. St. James's Park boyunca yürüyün ve Storey's Gate'den güneye dönün.

BİR HAFTA SONUNDA LONDRA 1. GÜN - MESAFE: 9,5 KİLOMETRE
SÜRE: TAHMİNEN 7,5 SAAT METRO BAŞLANGICI: BAKER STREET

❽ Trafalgar Square (bkz. s. 88) Londra'nın en sevilen kamu alanı ralliler ve kutlamalar için kullanılmanın yanı sıra, 1805 yılında Trafalgar'da birleşik Fransa ve İspanyol kuvvetlerini yenilgiye uğratan Amiral Lord Nelson'ın 52 metrelik heykeli gibi sanat eserleri ile doludur.

❼ London Eye (bkz. s. 74) Londra'yı 40 kat (135 metre) yüksekliğindeki bu gözlem çarkından inceleyin. Hungerford Bridge'in yanındaki Golden Jubilee Footbridge'i geçin ve Northumberland Avenue'dan batıya yürüyün.

❻ Parlamento Evleri (bkz. s. 58–59) Whitechapel Bell Foundry'de 1858'de yapılan Big Ben, her saat başında çalar. Westminster Bridge'i geçin ve London Eye'a çıkan merdivenleri çıkın.

❺ Westminster Abbey (bkz. s. 64–65) Kraliyet ailesinin en önemli kilisesini ziyaret edin. Prens William ve Kate Middleton burada evlenmişti. Abingdon Street'i geçin.

2. GÜN

Bir Hafta Sonunda Londra

İkinci gününüzü bir orta çağ kalesini, bir barok katedralini, zarif bir köprüyü ve bir Viktorya pazarını ziyaret ederek geçirin.

❶ **Shakespeare's Globe** (bkz. s. 76) Gününüze William Shakespeare'in oyunlarının 400 yıldan daha uzun bir zaman önce oynandığı yere yeniden yapılan Globe Theatre'ı gezerek başlayın. Millennium Bridge üzerinden kuzeye, St. Paul's Cathedral'ine doğru ilerleyin.

❻ **Tate Modern** (bkz. s. 78–79) Londra'nın en büyük galeri alanlarından biri olan ve modern sanatçılardan özel komisyonlu sergilere ev sahipliği yapan Turbine Hall'a hızlı bir bakış atarak günü noktalayın.

BIR HAFTA SONUNDA LONDRA 2. GÜN - MESAFE: 5,5 KİLOMETRE
SÜRE: TAHMİNEN 8 SAAT METRO BAŞLANGICI: MANSION HOUSE

❷ St. Paul's Cathedral (bkz. s. 48–49) Londra'nın en büyük kilisesini gezin. Liverpool Street'e gitmek için metroyla doğuya doğru iki durak gidin.

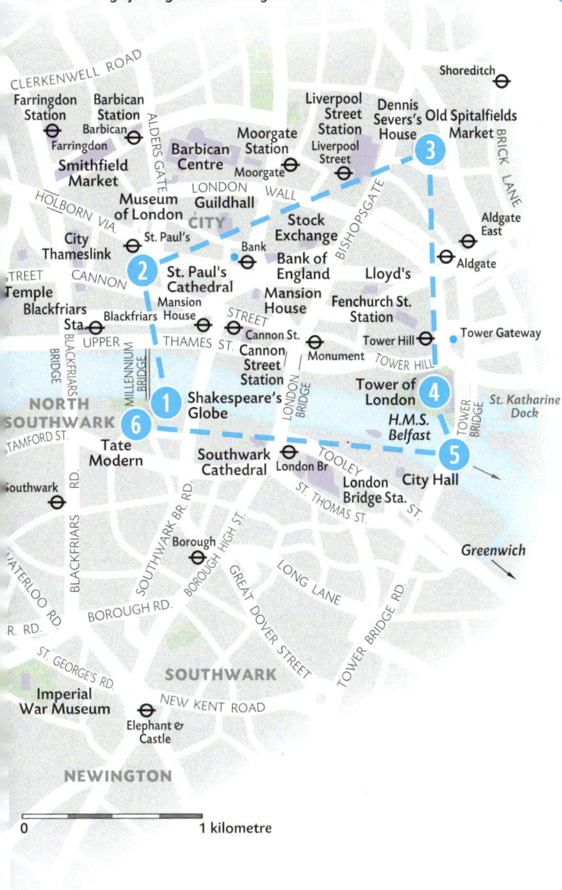

❸ Old Spitalfields Market Viktorya pazarının pek çok restoranından birinde öğle yemeğinin tadını çıkardıktan sonra mağazalara bakabilir, harika bir hediye veya hatıra arayabilirsiniz. Commercial Street ve Mansell Street üzerinden güneye yürüyün.

❹ Tower of London (bkz. s. 168–169) Londra'nın 11. yüzyıl kalesinde herkese hitap eden bir şey vardır; tarihi zırhlar, kraliyet mücevherleri ve kulenin tarihinden tüyler ürperten hikâyeler. Tower Bridge Approach'a uzanan merdivenleri çıkın.

❺ Tower Bridge (bkz. s. 162–163) Viktorya mühendisliğinin harikalığı ile mimari başarının kombinasyonu burayı dünyanın en hatırlamaya değer köprüsü yapar. Nehrin güney yakasını geçin ve Thames Path boyunca batıya doğru yürüyün.

İpuçları

Bu harika Londra manzaraları iki gün içinde görülebilir. Kitabın diğer sayfalarındaki detaylı bilgiler için referans numaralarına bakınız. Ayrıca burada turunuzu kişisel ilgi alanlarınıza göre değiştirebileceğiniz öneriler, yakın manzara noktaları, yerel cafe ve restoranlar hakkında bilgiler yer almaktadır.

1. GÜN

❶ **Madame Tussauds** Eğer güneşli bir günse, Baker Street üzerinden güneye doğru ilerleyin ve Oxford Street'ten Marble Arch'a doğru batıya yürüyün. Londra'nın en büyük yeşil alanı olan bir zamanların Harrods kraliyet av alanı ■ HYDE PARK'ı (bkz. s. 138) gezin.

Londralılar Hyde Park'da dinlenir ve piknik yaparlar.

❷ **Harrods** (bkz. s. 146 – 147) Mağazanın pek çok restoranında veya farklı seçenekler bulabileceğiniz yemek bölümünde ■ BRUNCH yapabilirsiniz.

❸ **Natural History Museum** *(Doğal Tarih Müzesi - bkz. s. 136 – 137)* Eğer Natural History Museum ilginizi çekmezse, ■ SCIENCE MUSEUM *(Bilim Müzesi - bkz. s. 132–133)* ve ■ VICTORIA AND ALBERT MUSEUM *(bkz. s. 130 – 131)* harika alternatiflerdir.

❼ **London Eye** (bkz. s. 74) Eye'a bindikten sonra, kitapseverler nehir boyunca Royal Festival Hall'u (bkz. s. 74) geçerek pek çok çeşitte ikinci el kitap satan bir açık hava pazarı olan ■ SOUTH BANK BOOK MARKET'e *(Güney Kıyısı Kitap Pazarı - 19.00'a kadar açıktır)* gidebilirler. Biraz daha doğuda olan gösterişli ■ GABRIEL'S WHARF *(56 Upper Ground, SE1, www.coinstreet.org)* harika el sanatları mağazalarına, galerilere, cafelere ve nehrin güzel manzaralarına ev sahipliği yapar.

❽ **Trafalgar Square** *(Trafalgar Meydanı - bkz. s. 88)* Bir daha İngiliz topraklarına ayak basmamaya yemin etmesi onuruna, National Gallery'nin önünde, Virginia'dan getirilen toprağın üstünde duran A.B.D başkanı ■ GEORGE WASHINGTON'ın heykeli gibi sanat eserleriyle süslü olan Trafalgar Meydanını gezin. Gününüzü ■ ST. MARTIN-IN-THE-FIELD mezarlığında bitirip kilisede verilen barok müzik konserine katılabilirsiniz. Konserlerin pek çoğu mum ışığında verilmektedir.

2. GÜN

❸ **Old Spitalfields Market** *(105a Commercial St., E1, www.visitspitalfields.com, 020 7375 2963, Pazartesi, Çarşamba ve Cumartesi günleri kapalıdır)* Eğer Spitalfields pazarında aradığınızı bulamıyorsanız, yakındaki ■ BRICK LANE pazarını *(bkz. s. 163–164)* deneyebilirsiniz. Burası şık kıyafetler ve bitpazarı ile ünlüdür ve Pazar günleri de açıktır.

❹ **Tower of London** *(Londra Kulesi - bkz. s. 168–169)* Tower of London'ın üç tarafını yürüyerek gezebilir ve içeriye girmek zorunda kalmadan harika duvarları görebilirsiniz. Nehir tarafından ■ TRAITOR'S GATE, ■ TOWER BRIDGE ve tarihi topun sergisi görülebilir.

GÜNÜNÜZÜ **KİŞİSELLEŞTİRMEK**

Londra'da geçireceğiniz en az bir geceniz varsa, neden Avrupa'nın en iyi akşam eğlencelerinden bazılarını görmeden gitmek isteyesiniz ki? Covent Garden'da ki (bkz. s. 102 – 103) Royal Opera House'da şovları, National Theatre'da (bkz. s. 75) modern dramayı izleyebilir veya Soho'da ufak bir rock kulübünü ziyaret edebilirsiniz. Seçeneklerinizi öğrenmek için haftalık Time Out dergisini alabilirsiniz.

❺ **Tower Bridge** (bkz. s. 162 – 163) Köprünün güney bölümündeki ■ BUTLER'S WHARF'da (bkz. s. 77) iyi restoranlar vardır ve öğle yemeği molası vermek için uygun bir yerdir. Nehir boyunca yürürken ■ OLD OPERATING THEATRE *(9a St. Thomas St., SE1, www.thegarret.org.uk, ££, 15 Aralık ve 5 Ocak tarihlerinde kapalıdır)* civarını gezebilirsiniz, burası London Bridge'e yakındır. 1822 yılında, bir hastane kilisesinin üstüne inşa edilmiş olan bu tiyatroda ameliyatın ve hemşireliğin tarihi ile ilgili bir sergi de yer alır.

❻ **Tate Modern** (bkz. s. 78 – 79) Modern sanatı sevmeseniz bile, binanın uzunluğu boyunca uzanan ve tavana kadar yükselen ■ TUBRINE HALL'u görmek için buraya uğrayabilirsiniz. Salonun karşısında ilk kattaki köprü iyi bir izleme noktasıdır.

Eğlence İçin Londra

Gezmekle ve alışverişle geçen yoğun bir günün ardından, tiyatroda bir gece geçirmeden önce İngiliz çayı eşliğinde dinlenin.

3 Regent Street'te Alışveriş (bkz. s. 26) Mimar John Nash'ın 19. yüzyılda yaptığı işlek caddenin cephesinin arkasında pek çok alışveriş imkânı bulunur. Regent Street'ten güneye, Swallow Street'e yürüyün ve Piccadilly'den batıya dönün.

2 Grays Antikaları (bkz. s. 26) Özenle seçilen vintage objelerin arasından bir hatıra alın. Davies Street'e doğru güneye gidin, sonra Brook Street'ten doğuya dönün ve Hanover Street'i geçerek Regent Street'e ulaşın.

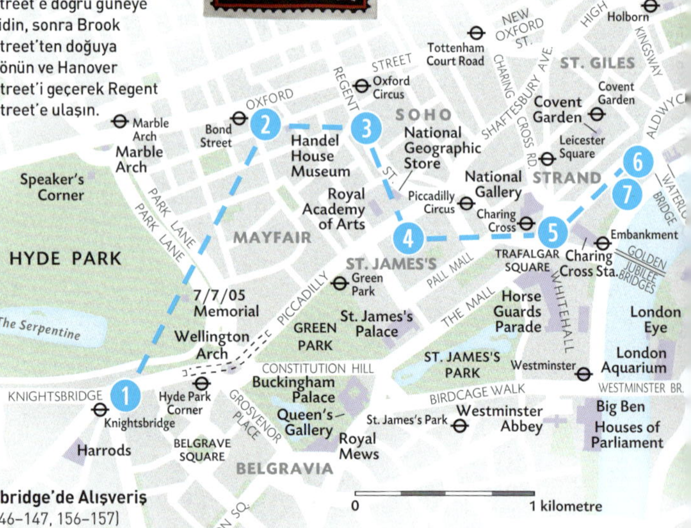

1 Knightsbridge'de Alışveriş (bkz. s. 26, 146–147, 156–157) Yakındaki tasarımcı mağazaları gezmeden önce Harrods'da alışveriş yapın ve ünlü yemek alanında atıştırmalıkların tadına bakın. Metro ile Bond Street'e gidin.

EĞLENCE İÇİN LONDRA - MESAFE: 11 KİLOMETRE
SÜRE: TAHMİNEN 8,5 SAAT METRO BAŞLANGICI: SOUTHWARK

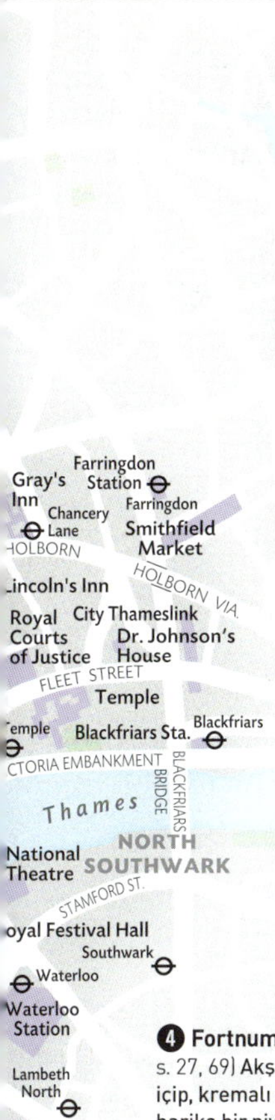

❻ Savoy'da Amerikan Barı (bkz. s. 27) Hak ettiğiniz içecekleri Londra'nın en iyi barlarından birinde için. Savoy Tiyatrosu hemen yandadır.

❼ Savoy Tiyatrosu (bkz. s. 27) Zevkle dekore edilmiş bu art deco binasında bir müzikal izleyin.

❺ No. 15 Miras Otobüsü (bkz. s. 27) 1960'lı yıllardan kalan bu iki katlı Routemaster otobüsünde nostaljik bir yolculuğun keyfini çıkarın. Savoy'da otobüsten inin.

❹ Fortnum & Mason (bkz. s. 27, 69) Akşamüstü çayınızı için, kremalı çörekleri yerken harika bir piyanisti dinlemek mutlaka denemeniz gereken İngiliz adetlerindendir. Regent Street'e doğru doğuya yürüyün ve Pall Mall'dan güneye, sonra da Trafalgar Square'e doğru doğuya dönün.

Harrods'ın yemek alanında çaylara, peynirlere, etlere, ekmeklere, çikolatalara ve daha fazlasına adanmış olan tezgâhlar vardır.

Knightsbridge'de Alışveriş

1 Knightsbridge'in caddeleri Londra'nın en ünlü tasarımcı mağazalarını barındırır: **Dior** *(31 Sloane St.)*, **Louis Vuitton** *(190 - 192 Sloane St.)*, **Chanel** *(167 – 170 Sloane St.)*, **Giorgio Armani** *(37 – 42 Sloane St.)* ve **Prada** *(43 – 45 Sloane St.)*. **Jimmy Choo**'dan *(32 Sloane St.)* harika ayakkabılar satın alabilirsiniz. 60 lüks moda departmanının yanı sıra harika bir yemek alanı olan **Harrods**'ı *(bkz. s. 146 – 147)* mutlaka gezin.

Knightsbridge, SW1 • Metro: Knightsbridge

Grays Antikaları

2 Oxford ve Bond sokaklarının arasına sıkıştırılmış olan Grays'de 200 satıcı oryantal seramikler, bozuk paralar, vintage modası ve doldurulmuş oyuncak ayılar gibi pek çok çeşit antika satarlar.

58 Davies St. ve 1–7 Davies Mews, W1 • www.graysantiques.com • 020 7629 7034 • Pazar günleri kapalıdır. • Metro: Bond Street

Regent Street'te Alışveriş

3 Cephesi 19. yüzyıla dayanan bu caddede tek bir istisna vardır; Great Malborough Street'in köşesindeki, beyaz ve siyah Tudor stili girişi ile 1920'li yıllardan kalma **Liberty**. Mağaza özel seçim moda ürünleriyle ve mücevher tasarımları ile eş anlamlıdır. Sokağın merkez bölümü moda mağazaları ile dolup taşar; **Anthropologie** *(No. 158)*, **Aquascutum** *(No. 100)*, **Austin Reed** *(Nos. 103 – 113)*, **Karen Millen** *(No. 247)* ve **Burberry** *(Nos. 121 – 123)*. **National Geographic** mağazasında *(Nos. 83 – 97)* bir fotoğraf galerisi ve cafe vardır.

Regent St., W1 • www.regentstreetonline.com • Metro: Piccadilly Circus

Fortnum & Mason

4 Londra'da dinlenmenin en modern yolu için Fortnum & Mason'ın dördüncü katına çıkın. Buradaki St. James's Restaurant beş çayını çok ciddiye alır. Krema ile servis edilen çöreklerin ve kanepeler ile sandviçlerin tadına bakın. Ayrıca 130 farklı tür çayı da burada bulabilirsiniz. Öğleden sonraları bir piyanist hafif müzik çalar ve buradaki giysi kodu herkes için şıklık gerektirir.

181 Piccadilly, W1 • www.fortnumandmason.com • 020 7734 8040 • ££££ • 1 Ocak ve 25 Aralık tarihlerinde kapalıdır. • Metro: Piccadilly Circus

No. 15 Miras Otobüsü

5 Şehir tarafından korunmuş olan 1960 döneminin arkası açık Routemaster otobüsüne binin. No. 15 otobüs servisinin deneyimli kondüktörü sorularınızı memnuniyetle cevaplar ve bu otobüs her 15 dakikada bir Trafalgar Meydanı ile Tower Hill arasında dolaşır.

Trafalgar Sq. • www.tfl.gov.uk • 0845 300 7000 • £ • Son otobüs 18.30'da kalkar.

Savoy'da Amerikan Barı

6 1920'li yılları hatırlatan bu canlı bir şekilde dekore edilmiş barda kokteyller ile birlikte bol zeytin ve atıştırmalıklar servis edilirken bir piyanist klasik Amerikan jazz müziği çalar.

The Strand • www.fairmont.com/savoy • 020 7836 4343 • Metro: Charing Cross

Savoy Tiyatrosu

7 Elektrikle ilk kez aydınlatılan yer olan ve 1929 yılında art deco stili ile yeniden yapılan bu Viktorya dönemi oditoryumunda bir müzikal veya hafif bir komedi yakalayın.

The Strand • www.savoy-theatre.co.uk • 0870 1648787 • Metro: Charing Cross

BUNU **BİLİYOR MUYDUNUZ?**

Savoy Theatre yakınlarındaki Savoy Court, normalde sol yanda akan trafiği caddenin sağ tarafından akmaya zorlayan yasal bir trafik polisi grubudur. Böylece tiyatro severler taksiden inebilir ve doğrudan içeriye girebilirler.

Çocuklarla Bir Hafta Sonunda Londra

Londra'nın hayaletli kaleler, hayal güçlerini uyandıracak sanat eserleri ve eğlence temalı parklar gibi çocuklara sunacak çok fazla seçeneği vardır.

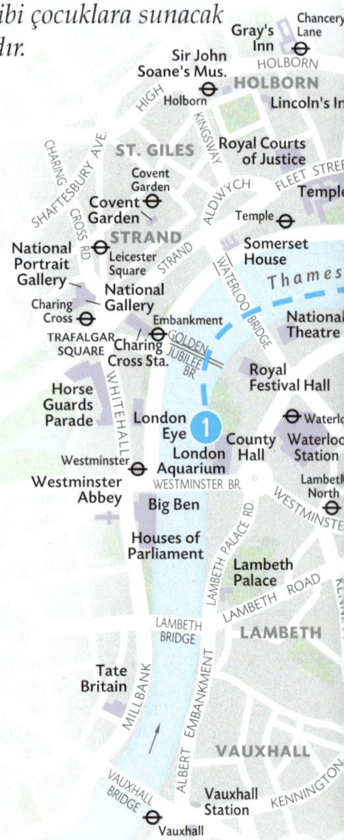

❶ London Eye (bkz. s. 30, 74)
İngiltere'nin başkentini kuş bakışı izlemek için gökyüzüne uzanan bu dev dönme dolap ile bir tur yapın. Bir nehir taksisine binerek doğuya, Tower Millennium Pier'e gidin.

ÇOCUKLARLA BİR HAFTA SONUNDA LONDRA 1. GÜN - MESAFE: 8,3 KM
SÜRE: TAHMİNEN 8 SAAT METRO BAŞLANGICI: WATERLOO

❷ Tower of London (bkz. s. 30, 168–169) Bir zamanlar kralların ve kraliçelerin evi olan, şimdi ise pek çok kraliyet hayaletini barındıran nehir kenarındaki bu kalede binlerce yıllık İngiltere tarihi hayat bulur. Nehir kenarındaki merdivenlerden çıkarak Tower Bridge Approach'a ulaşın.

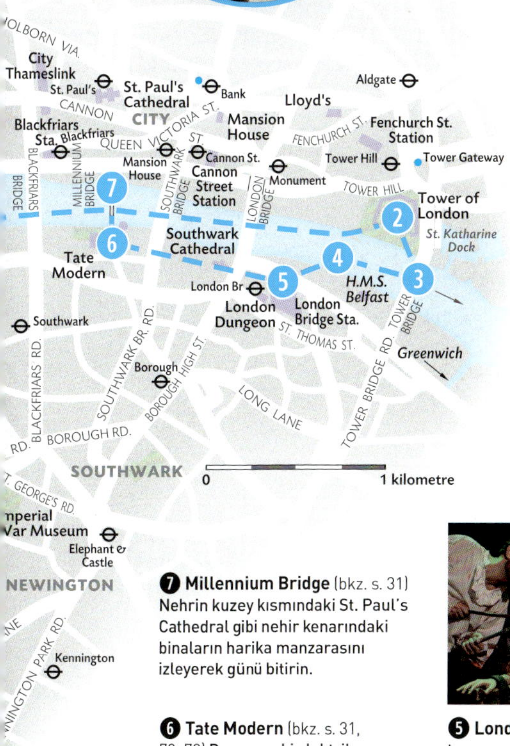

❸ Tower Bridge (bkz. s. 30, 162–163) Londra'nın sembolü şehrin fotoğrafını çekmek için harika imkânlar sunar. Köprüyü geçtikten sonra Queen's Walk boyunca batıya doğru yürüyün.

❹ H.M.S. *Belfast* (bkz. s. 30, 171) Pek çok savaşla test edilmiş olan bu kruvazör açık denizde hayatın nasıl olduğunu gösteriyor. Battle Bridge Lane üzerinden aşağıya doğru yürüyün ve Tooley Street'ten sağa dönün.

❼ Millennium Bridge (bkz. s. 31) Nehrin kuzey kısmındaki St. Paul's Cathedral gibi nehir kenarındaki binaların harika manzarasını izleyerek günü bitirin.

❻ Tate Modern (bkz. s. 31, 78–79) Devasa eski elektrik santralinde hızlı bir modern sanat turu yapın. Millennium Bridge hemen dışarıdadır.

❺ London Dungeon (bkz. s. 30) Bu tema parkında ve balmumu müzesinde korkmaya hazır olun. Tooley ve Montague caddeleri üstünde batıya ilerlemeye devam edin, Cathedral Street'ten sağa ve tekrar Thames Path'a dönün.

London Eye

1 İlk tura binin (10.00) ve 135 metrelik yükseklikte ayaklarınızın altına serilen nehri izleyin.

Westminster Bridge Rd., SE1 • www.londoneye.com • 0871 781 3000 • ££££ • 25 Aralık tarihinde kapalıdır. • Metro: Waterloo

Tower of London (Londra Kulesi)

2 Kraliyet mücevherleri sizi büyüleyecek, hayalet hikâyeleri sizi korkutacak ve kırmızı üniformalı Yeoman gardiyanlarının anlattığı hikâyeler sizi eğlendirecek. Yemek çalan kargalara dikkat edin.

Tower Hill, EC3 • www.hrp.org.uk • 020 3166 6000 • ££££ • 1 Ocak ve 25 – 26 Aralık tarihlerinde kapalıdır. • Metro: Tower Hill

Tower Bridge (Kule Köprüsü)

3 Londra'nın en çok fotoğraflanan köprüsünden geçin veya büyük gemilerin Thames üzerinde gelip gitmesi için açılan yolun inip kalkışını izleyin.

Tower Bridge Rd., SE1 • www.towerbridge.org.uk • 020 7403 3761 • Sergi: ££ • 24 – 26 Aralık tarihleri arasında sergiler kapalıdır. • Metro: Tower Hill

BUNU **BİLİYOR MUYDUNUZ?**

London Eye'dan Tower of London'a gitmenin en iyi yolu nehirdir. Thames Clippers nehir taksileri *(www.thamesclippers.com, email: web@thamesclippers.com)* düzenli olarak Eye'ın yanındaki Waterloo Pier'den kalkar.

H.M.S. *Belfast*

4 İkinci Dünya Savaşından kalma bu kruvazörü keşfedin. Sesli rehber çocuklar için ayrı bir versiyon da içermektedir.

Thames Path, Tooley St., SE1 • http://hmsbelfast.iwm.org.uk • 020 7940 6300 • £££ • 24 – 26 Aralık tarihleri arasında kapalıdır. • Metro: London Bridge

London Dungeon (Londra Zindanı)

5 Sizi Tower of London'ın Traitor's Gate'inden *(Hain Kapısı)* geçirecek olan **Ride to Hell** gibi eğlenceleri ile bu ürkütücü yer sizi tir tir titretecek.

28–34 Tooley St., SE1 • www.the-dungeons.co.uk • 020 7403 7221 • ££££ • 25 Aralık tarihinde kapalıdır. • Metro: London Bridge

London Eye'dan Tower of London'a ve Tower Bridge'e giden nehir gemi hattı

Tate Modern

6 Yaşı daha büyük olan çocuklar bu modern sanat galerisini keşfetmeye bayılacaklar. Onları Roy Lichtenstein'ın 5. katta sergilenen **"Whaam!"** adlı eserini görmeye götürün. Genellikle çocuklar tarafından sevilen bu eser bir savaş jetinin füze fırlatırken karikatür olarak resmedilmiş halidir. Yaşı daha ufak olan çocuklar müzikli slaytların, kübist ilhamlı aynalı bir evin ve interaktif görsel sergilerin olduğu yakındaki **Under 5s Zone**'da *(5 yaş altı alanı)* çok eğlenecekler.

25 Sumner St., SE1 • www.tate.org.uk • 020 7887 8888 • 26 Aralık tarihlerinde kapalıdır. • Metro: Southwark

Millennium Bridge

7 Londra'nın en yeni köprüsünü (*Harry Potter ve Melez Prens* filminin açılış sahnesinde Ölüm Yiyenler tarafından yok edilen köprü) geçerken nehrin ve kuzey kıyıda kalan St. Paul's Cathedral'in harika manzaralarına bakın. Eğer çocuğunuzda hâlâ fazla enerji varsa katedralin 259 basamağını çıkarak **Whispering Gallery**'e *(Fısıltı Galerisi)* ulaşın, bu kubbede etrafta gezinen fısıltılar duyabilirsiniz.

Tate Modern ve St. Paul's Cathedral'i birbirine bağlar, SE1 • Metro: Southwark

Çocuklarla Bir Hafta Sonunda Londra

Londra'yı ziyaret eden hiçbir çocuk Hamley'in oyuncak mağazasını ve Pollock's Toy Museum'u veya British Museum'daki Mısır mumyalarını kaçırmamalıdır.

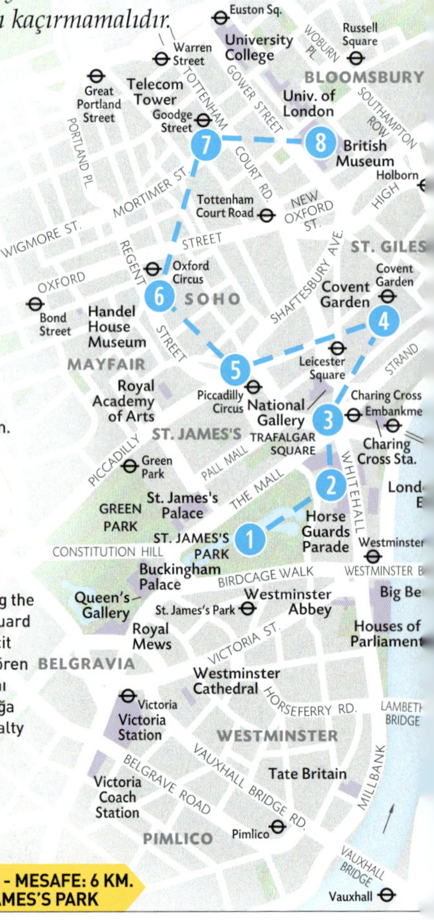

❶ St. James's Park
(bkz. s. 34, 138) Yakındaki Buckingham Sarayı'nın fotoğraflarını çekin ve bu eski kraliyet av alanını evleri olarak seçmiş pelikanları görün. Parkın doğu ucundan çıkın ve Horse Guards Road'ı geçin.

❷ Atlı Muhafızlar
(bkz. s. 34, 60–61) Trooping the Colour ve Changing the Guard gibi İngiltere'nin en iyi geçit alaylarından bazıları bu tören alanında performanslarını sergilemiştir. Mall'dan sağa dönün ve etkileyici Admiralty Arch'ın altından geçin.

ÇOCUKLARLA BİR HAFTA SONUNDA LONDRA 2. GÜN - MESAFE: 6 KM. SÜRE: TAHMİNEN 8 SAAT METRO BAŞLANGICI: ST JAMES'S PARK

8 British Museum (bkz. s. 35, 120–123) Gününüzü dünyanın en büyük müzelerinden birinde, antik heykelleri ve Mısır mumyalarını ziyaret ederek bitirin.

7 Pollock's Toy Museum (bkz. s. 35, 118) Eğlence için adını son büyük Viktorya dönemi oyuncak tiyatrosunun yapımcılarından alan bu ufak müzeye gidin. Tottenham Court Road boyunca güneye ilerleyin ve Great Russell Street'ten doğuya yürüyün.

6 Hamleys (bkz. s. 35) İngiltere'nin en eski ve en büyük oyuncak mağazası her yaştan çocuklar için oyuncaklarla doludur. Regent Street'te devam ederek Oxford Circus durağına ulaşın ve metro ile iki durak giderek Goodge Street'e varın.

5 Piccadilly Circus (bkz. s. 35, 90) Altı kalabalık cadde bu devasa neon tabelanın ve âşık olacak çiftleri avlayan kanatlı Eros heykelinin altında birleşir. Geniş Regent Street'te akan kalabalığı kuzeye doğru takip ederek Piccadilly Circus'a ulaşın.

3 Trafalgar Square (bkz. s. 34, 88) Amiral Lord Nelson'ın bu alanı sık sık işgal eden ayaktakımı, üçkâğıtçılar, eğlence düşkünleri ve güneşlenenler için ne söyleyeceğini merak edebilirsiniz. Yoğun Strand'ı doğuya doğru takip ederek Southampton Street'e ulaşın ve iki blok boyunca kuzeye yürüyün.

4 Covent Garden (bkz. s. 34, 102) Bir zamanların meyve, çiçek ve sebze pazarı şimdi sokak performansçıları ve harika restoranlar ile doludur. Long Acre boyunca batıya ilerleyerek Leicester Square'e ve Piccadilly Circus'a ulaşın.

St. James's Park

1 Bu 23,4 hektarlık park Londra'daki en çocuk dostu alandır. Seçenekler arasında pankekleri ve tümüyle bir İngiliz kahvaltısını bulabileceğiniz **Inn the Park**'da kahvaltı edin. Batı ucunda bir oyun alanı vardır ama pek çok çocuk çimlerde koşmaktan ve su kuşlarını (ördekler, pelikanlar, kuğular) izlemekten veya Blue Bridge'deki **Duck Island**'da *(Ördek Adası)* oynamaktan zevk alır.

The Mall, SW1 • www.royalparks.gov.uk • 020 7930 1793 • Metro: St. James's Park

Atlı Muhafızlar

2 Household Cavalry şık üniformaları ile bir zamanlar şövalyelerin at üstünde mızrakla dövüştüğü yerde geçit töreni yaparlar. Muhafız değişimi her gün saat 11.00'de (Pazar günleri saat 10.00'da) yapılır.

Whitehall, SW1 • Metro: Westminster veya Piccadilly Circus

BUNU **BİLİYOR MUYDUNUZ?**

Atlı Gardiyanlara ilk ordu üssü, 1660'da Kral II. Charles'ın Palace of Whitehall'ı korumak için yaptığı yenileme çalışmasından sonra verilmiştir. Şu anki bina 1753'e dayanır ve 1904 yılına kadar İngiliz Ordusunun merkezi olmuştur.

Trafalgar Square (Trafalgar Meydanı)

3 İngiltere'nin en ünlü kamu alanı canlı müzik, dansçılar, sanat festivalleri ve her sene New Year's Eve kutlamalarıyla dolu bir mekândır. Kuzey uçtaki **National Gallery**'i *(Ulusal Galeri - bkz. s. 92 – 93)* ziyaret edin ve George Stubbs'ın yaptığı ödüllü bir atın portresi olan **Whistlejacket**'ı görün.

Trafalgar Sq., WC2 • www.london.gov.uk/trafalgarsquare • Metro: Charing Cross

Covent Garden

4 Akrobatlar, harika bisikletçiler ve orkestra şefleri sizi eğlendirirken bir şeyler yiyin. Eğer zamanınız varsa çocuklarınızın bir metro treninin simülatöründe direksiyon başına geçebileceği, 19. yüzyıldan kalan trenleri ve otobüsleri görebileceği, pazarın güneydoğu köşesindeki **London Transport Museum**'u *(Londra Ulaşım Müzesi - bkz. s. 103)* ziyaret edin.

Covent Garden Piazza, WC2 • www.coventgardenlondonuk.com • 0870 780 5001 • Metro: Covent Garden veya Leicester Square

Piccadilly Circus

5 Neon tabelaları ile ünlü olan meydan çocukların en sevdiği mekânlardan biri olan **Ripley's Believe It or Not!** mağazasının da evidir. Burada Marilyn Monroe'nun makyaj kutusu *(1 Piccadilly Circus, W1, www.ripleyslondon.com, 020 3238 0022, £££££)* gibi pek çok sıra dışı eşya bulabilirsiniz.

Piccadilly Circus, W1 • Metro: Piccadilly Circus

Hamleys

6 1760'da kurulan bu devasa oyuncak mağazasında barbie'den yarış arabalarına kadar her tür oyuncak vardır. Özellikle inanılmaz bir lego koleksiyonu vardır, buna Tower Bridge'ın ufaltılmış bir modeli de dâhildir. Çalışanlar oyuncakları göstermekten zevk alırlar, mağazada dolaşmak bile oldukça eğlencelidir.

188–196 Regent St., W1• www.hamleys.com • 0871 704 1977 • 25 Aralık tarihinde kapalıdır. • Metro: Piccadilly Circus

Pollock's Toy Museum (Polleck Oyuncak Müzesi)

7 Dünyanın her yerinden gelen vintage oyuncaklar bu ufak müzeyi doldurur. En ilgi çekenler arasında Mısır'dan gelen kil oyuncaklar, 19. yüzyıl sallanan atı, porselen oyuncak bebekler, oyuncak bebek evleri ve eski günlerden mekanik oyuncaklar vardır.

1 Scala St., W1 • www.pollockstoymuseum.com • 020 7636 3452 • ££ • Pazar günleri kapalıdır. • Metro: Goodge Street

British Museum (İngiliz Müzesi)

8 Müzede birkaç tane aile aktivitesinin yanı sıra, çocukların koleksiyondan parçaları tutabilecekleri interaktif masa başı el işleri vardır. Daha ufak çocuklar **Mısır mumyalarından**, özellikle de mumyalanmış kediden (62–63 no.lu odalar) ve **Easter Island heads** parçalarından (24 no.lu oda) büyüleneceklerdir.

38 Russell Sq., WC1 • www.britishmuseum.org • 020 7323 8299 • 1 Ocak ve 24 – 26 Aralık tarihleri arasında kapalıdır. 24–26 • Metro: Holborn

British Museum, ziyaretleri boyunca çocukları eğlendirmek için ücretsiz aktivite paketleri sunar.

HIZLI TURLAR

BÖLÜM 2

Londra'nın Semtleri

Trafalgar Square & Soho 84
Westminster 54
Kensington & South Kensington 126
Chelsea, Belgravia, & Knightsbridge 142
CAMDEN TOWN
Mornington Cres.
CROWDALE RD.
St. Pancras International (Eurostar)
British Library
London Zoo
Grand Union Canal
AVENUE ROAD
St. John's Wood
WELLINGTON RD.
REGENT'S PARK
REGENT'S PARK
ALBANY
EVERSHOLT STREET
HAMPSTEAD ROAD
Euston Station
Euston
EUSTON ROAD
Euston Sq.
Warren Street
TOTTENHAM COURT RD.
GOWER ST.
GROVE END RD.
MAIDA VALE
ST. JOHN'S WOOD RD.
PARK ROAD
LISSON GROVE
LITTLE VENICE
CLIFTON GDNS.
Warwick Ave.
WARWICK AVE.
EDGWARE ROAD
Marylebone Station
Marylebone
Baker St.
Madame Tussauds
Regent's Park
PARK CRES.
Great Portland Street
PORTLAND PL.
Pollock's Toy Museum
Goodge Street
MARYLEBONE ROAD
MARYLEBONE
MORTIMER ST.
WESTWAY
Edgware Road
GLOUCESTER PL.
BAKER STREET
Wallace Collection
Tottenham Court Road
Paddington Station
Paddington
BISHOP'S BR. RD.
PRAED STREET
SUSSEX GARDENS
EDGWARE ROAD
WIGMORE STREET
OXFORD STREET
Oxford Circus
SOHO
Marble Arch
Marble Arch
BAYSWATER
Bayswater
Queensway
Lancaster Gate
BAYSWATER ROAD
Speaker's Corner
PARK LANE
PARK LANE
MAYFAIR
Royal Academy of Arts
Piccadilly Circus
TRAFALGAR SQUARE
PALL MALL
THE MALL
KENSINGTON
HYDE PARK
Green Park
ST. JAMES'S
St. James's Palace
GREEN PARK
The Serpentine
Wellington Arch
CONSTITUTION HILL
ST. JAMES'S PARK
Kensington Palace
GARDENS
Buckingham Palace
Queen's Gallery
BIRDCAGE WALK
St. James's Park
GROSVENOR PLACE
Knightsbridge
Royal Albert Hall
EXHIBITION RD.
KNIGHTSBRIDGE
Victoria and Albert Museum
BELGRAVE SQUARE
BELGRAVIA
Royal Mews
VICTORIA STREET
Royal College of Music
Science Museum
Harrods
SLOANE STREET
Natural History Museum
BROMPTON ROAD
BROMPTON
EATON SQ.
Victoria
Victoria Station
Westminster Cathedral
BUCKINGHAM PALACE RD.
CROMWELL ROAD
Gloucester Road
THURLOE PL.
South Kensington
Sloane Square
Victoria Coach Station
BELGRAVE RD.
VAUXHALL BRIDGE RD.
EARLS COURT
Pimlico
SOUTH KENSINGTON
FULHAM ROAD
SYDNEY ST.
KING'S ROAD
ROYAL HOSPITAL RD.
Royal Hospital Chelsea
CHELSEA BR. RD.
PIMLICO
CHELSEA
GROSVENOR ROAD
OAKLEY ST.
CHELSEA EMBANKMENT
CHELSEA BRIDGE
Thames
Carlyle's House
CHELSEA PHYSIC GARDEN
QUEENSTOWN ROAD
CHEYNE WALK
BATTERSEA BRIDGE
ALBERT BRIDGE
BATTERSEA PARK
BATTERSEA PARK RD.
New Covent Garden Market

Londra'nın Semtleri

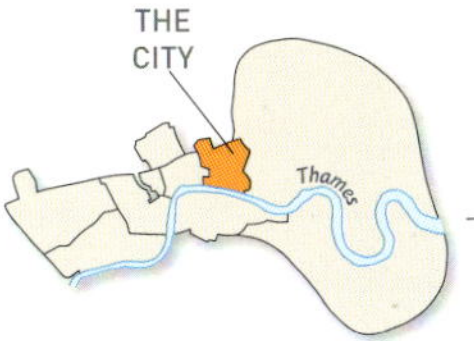

The City

İlk olarak M.S 50 yılında Romalıların yerleştiği Londra'nın en eski bölümü City olarak bilinir. Yaklaşık 2,6 kilometre karelik bir alanı kaplayan semtte Roma duvarları hâlâ görülebilir ve bu semt şimdi dünyanın finans merkezidir. Tarihi binalar, pek çok eski bar ve yüzlerce zanaat loncasının merkezi buradadır. Bölgenin en yüksek noktası olan St. Paul's Cathedral'den başlayın ve kubbesinden görülen Londra manzarasına bakın. Bu kadar ufak bir alana sıkıştırılmış olan 47 kiliseyi görebilir, Guildhall'u (City'nin antik hükümet evi) ziyaret edebilir ve City'nin geçmişini görebileceğiniz en iyi yer olan Museum of London'u gezebilirsiniz. Hafta içi bu bölge gelip giden 311.000 işçinin koşuşturmasına şahitlik yapar. Akşamüstleri ve hafta sonları bölge sessizdir; burada sadece 10.000 kişi yaşar. Tarihi binaların yanında yükselen gökdelenler ile yapılar birbirine yakın ve ana cadde yoğun olabilir ama ara yollar sizi orta çağ patikalarına, ilginç barlara ve yapraklarla dolu kilise avlularına ulaştırır.

◀ City'nin sembolü olan St. George'un Haçı işlenmiş bir kalkan tutan griffin heykeli sınırı işaretler.

The City

Takma adı Sguare Mile olan City'de yaya olarak dolaşmak kolaydır. Bread Street veya Cloth Fair gibi adını eski zanaatlardan alan yerleri kaçırmayın.

8 Museum of London (bkz. s . 47) Tarih öncesi zamanlardan 21. yüzyıla kadar Londralıların nasıl yaşadıklarını keşfedin. Barbican Highwalk'dan sola dönün.

7 Guildhall (bkz. s. 46–47) 800 yıldır Guildhall binası City'de hükümetin evi olmuştur. Gresham Street'ten devam edin ve Aldersgate Street'ten sağa dönün.

9 Barbican Centre (bkz. s. 47) City'nin kültürel mekânı Museum of London'ı da içeren bu devasa yapıdır ve müzenin yanı sıra performans alanları, iki tiyatro, konser salonu, galeriler ve sinema salonları vardır.

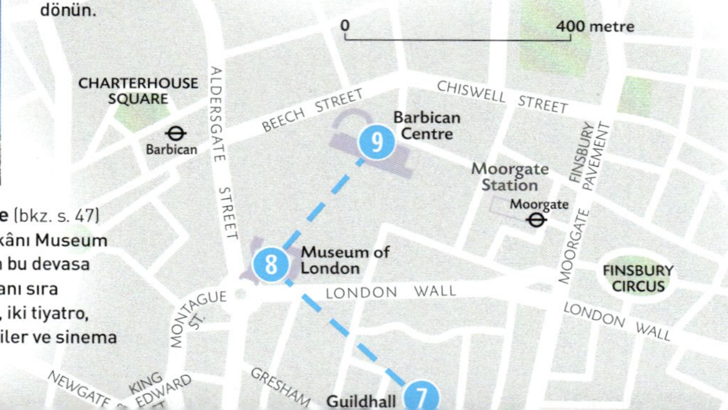

6 Bank of England Museum (bkz. s. 46) Başkentte bankacılık hakkında her şeyi öğrenin. Dışarıdan Lothbury üstünden sola dönün ve Gresham Street'e ulaşın.

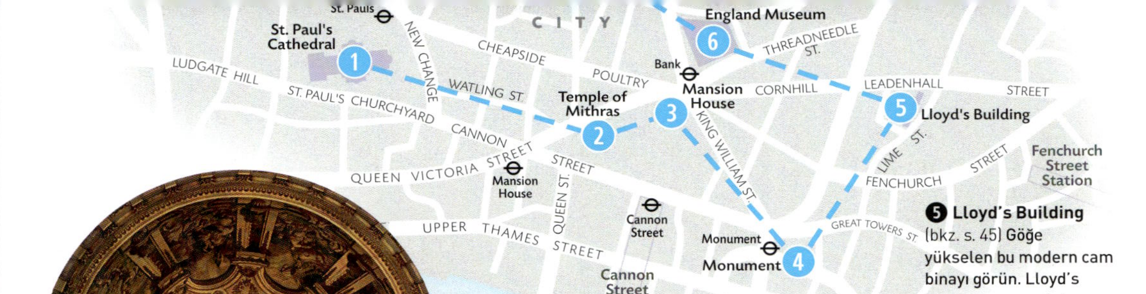

❶ St. Paul's Cathedral (bkz. s. 48–49) Sir Christopher Warren tarafından Londra'nın harika bir manzarasını görmek için tasarlanmış olan bu anıtsal kilisenin kubbesine çıkın. St. Paul'un arkasından Watling Street'e doğru New Change'ı geçin (yeni alışveriş merkezini geçince) sonra sola, Queen Victoria Street'e dönün.

❷ Temple of Mithras (bkz. s. 44) Üçüncü yüzyıl Roma tapınağının temellerine bakın. Sonra Mansion House Place'e doğru Queen Victoria Street üzerinden devam edin.

❸ Mansion House (bkz. s. 44) Londra Belediye Başkanı'nın resmi evini görün. Sonra sağa dönüp King William Street'ten aşağıya doğru yürüyün ve Monument Street'ten sola dönün.

❹ Monument (bkz. s. 45) 1666'daki Büyük Yangın anısına yapılmış bu eserin tepesine çıkın. Monument Street'ten devam edin, sonra Botolph Street'ten sola dönün ve Lime Street'e doğru ilerleyin.

❺ Lloyd's Building (bkz. s. 45) Göğe yükselen bu modern cam binayı görün. Lloyd's binasının çevresini dolaşın, Leadenhall Street'ten sola dönün ve Threadneedle Street'e varana kadar Cornhill'i takip edin.

THE CITY - MESAFE: 8,5 KİLOMETRE SÜRE: TAHMİNEN 5 – 7 SAAT
METRO BAŞLANGICI: ST. PAUL'S VEYA MANSION HOUSE

St. Paul's Cathedral (St. Paul Katedrali)

1 Bkz. s. 48 – 49

St. Paul's Churchyard, EC4 • www.stpauls.co.uk • 020 7236 4128 • £££ • Pazar: Sadece ibadete açıktır, ücretsiz • Metro: St. Paul's veya Mansion House

YEMEK YENECEK EN İYİ YERLER

■ KONDITOR & COOK
City'nin en büyük zengin dekorlu mimari başarısının zevkini "gherkin" gökdeleninin altındaki cafeden çıkarın. Tatlı seçeneklerinin içinden brownieleri seçin veya ıspanaklı tartı gibi öğle yemeği menülerini deneyin. **30 St. Mary Axe, EC3, 0845 262 3030, £**

■ LAMB TAVERN
1780 yılından beri Leadenhall Market'te olan bu meyhanede şehrin bankacıları ile omuz omuza ağır ateşte pişirilmiş kuzu budunu deneyin. **10-12 Leadenhall Market, EC3, 020 7626 2454, £££**

■ SWEETINGS
Yengeç çorbası, istiridye ve füme yılanbalığı genelde son yüzyılda çok az değişmiş olan bu restoranın menüsündedir. **39 Queen Victoria St., EC4, 0844 567 2326, ££**

Temple of Mithras (Mithras Tapınağı)

2 City bölgesi Romalılar tarafından yapılan 3,2 kilometrelik bir duvarın içindedir. Bu mirasın içinde üçüncü yüzyıl ortasından kalan ve 1954 yılında Walbrook Street'te keşfedilen tapınağın temelleri vardır. Bu tapınak Romalı askerlerin saygı duyduğu Fars tanrısı Mithras'a adanmıştı. Yerleşim planı ondan sonra gelen Hristiyan kiliselerine benzer. Kalıntılar şuanki yerlerine tek tek taşınmışlardır.

Queen Victoria St. (güney bölümü), EC4 • www.visitthecity.co.uk • Metro: Mansion House

Mansion House (Köşk)

3 Londra'nın belediye başkanı ve ailesi bu nefes kesici Georgian sarayında yaşar. City of London Corporation tarafından bir yıllığına seçilen Lord Mayor ülkede veya dışarıda şehrin büyük elçiliğini yapar ve maaş almaz. Şehrin gücünü, zenginliğini ve zevkini göstermek için yapılmış olan **Salon** büyük avizeler ile ışıldar ve ve resmi balo salonu ile 27 metre uzunluğundaki **Great Egyptian Room** *(Büyük Mısır Odası)* konferanslara ve sosyal buluşmalara ev sahipliği yapar. 17. yüzyıl Hollanda tabloları koleksiyonu ve altın veya gümüşten yapılmış şamdanlar, kâseler, sürahiler gibi eserlerin yanı sıra belediye başkanının kılıcı ve topuzu da sergilenir.

Mansion House Place, EC4 • www.cityoflondon.gov.uk • 020 7606 3030 • ££ (sadece turlar: Salı akşamı, Walbrook girişi) Ağustos ayında ve banka tatillerinde kapalıdır • Metro: Bank veya Cannon Street

Monument (Anıt)

4 Altın alevle taçlandırılmış bu taş Roma Doric kolonu şehrin 1666 yılındaki Büyük Yangından sonra yeniden kuruluşunu kutlamak için Sir Christopher Wren tarafından tasarlanmıştır. Pudding Lane'de bir fırında başlayan yangın dört gün boyunca devam etmiş ve şehrin pek çok binasını yıkmıştır. 61 metre uzunluğundaki anıt eğer yan yatırılırsa yangının başladığı fırına ulaşır. Manzara galerisine çıkan 311 basamağı çıkarsanız, Londra'nın harika bir görüntüsü ile karşılaşırsınız. Çıkmak istemeyenler manzarayı lobideki **webcam panoramadan** canlı olarak izleyebilirler.

Monument St., EC3 • www.themonument.info • 020 7626 2717 • £ • 1.Ocak ve 24 – 26 Aralık tarihlerinde kapalıdır. • Metro: Monument

Lloyd's Building (Lloyd Binası)

5 Bu 1984 yapımı binanın 26 metre yüksekliğinde bir merkez atriyumu vardır. Richard Rogers tarafından Paris'deki efsanevi Pompidou Centre'dan ilham alınarak tasarlanan yapı dünyanın önde gelen sigortacılar pazarı olan Lloyd's of London'ın evidir. Lloyd'sun uzun tarihinden kalan iki anıt bu ultramodern cam gökdelene yerleştirilmiştir. İskoç mimar Robert Adam'ın 1763 yılında Shelburne Kontu için bir yemek odası olarak tasarladığı **Adam Room** 11. kattadır. Atriumun baş yapıtı Lutine çanı İngiliz savaş gemisi HMS *Lutine*'den 1799 yılında kurtarılmıştır. Bir zamanlar Lloyd's elemanları tarafından sigortalanmış olan gemi üyelerine iyi ve kötü haberleri bildirmek için çalardı. Bugün sadece kraliyet ailesinden birinin ölümü gibi ulusal veya uluslar arası yas olaylarında çalmaktadır.

1980'li yılların ikonik Lloyd's binasında cam asansörler ve diğer alt yapı tesisleri binanın dış yapısının dramatikliğini ön plana çıkarmaktadır.

1 Lime St., EC3 • www.lloyds.com • 020 7327 6586 • £££ (sadece iş sektöründen olanlar için turlar; önceden rezervasyon şarttır) • Metro: Monument veya Bank

Bank of England Museum (İngiltere Bankası Müzesi)

6 Girilmesi imkânsız gibi görülen taş kaleye sokak seviyesinden bakarsanız üstte Bank of England'a *(İngiltere Bankası)* ev sahipliği yapan büyük konağı görebilirsiniz. Balmumu heykelden insanlarıyla müze 300 yıl geriye uzanan özellikleri sergilemektedir. Bunlar gerçek ve unutulmuş banknotları, altın külçelerini, dökümanları ve ağırlıkları içerir.

Bartholomew Lane, EC2 • www.bankofengland.co.uk/education/museum • 020 7601 5545 • Banka tatillerinde kapalıdır. • Metro: Bank

Guildhall (Esnaf Birliği Binası)

7 800 yıldan uzun bir süredir seçilmiş tüccarlar ve finansçılar bir konsey oluşturur ve kanunları buradan yürütürler. 1411 yılında yapılmış olan büyük orta çağ yapısı **Great Hall** *(Büyük Salon)* 1941 yılında bombalanmasından sonra tekrar onarılmıştır ve hâlâ ziyafet salonu olarak kullanılır. Camlarında 1189 yılından bu yana Londra belediye başkanlığı yapmış olan kişilerin isimleri yer alır. Efsaneye

Geleneksel Pearly Krallar ve Kraliçeler Hasat Festivali kutlamaları Guildhall'da başlar.

göre şehrin kurucuları olan devler Gog ve Magog'un ahşap heykelleri geleneksel Lord Mayor's Show (bkz. s. 52) için toplanma noktasıdır. Guildhall'un avlusu çevresinde **kütüphane, Clockmakers' Museum** *(Saatçi Müzesi)* **ve Guildhall Art Gallery** *(Esnaf Birliği Sanat Galerisi)* yer alır. Galeride sergilenen 250 tablonun arasında Londra manzaraları ve Raphael öncesi döneme ait eserler vardır. Ayrıca Guildhall Yard'ın altında **Roma amfi tiyatrosundan** kalan az miktardaki kalıntıyı görebilirsiniz.

Gresham St., EC2 • www.guildhall.cityoflondon.gov.uk • 020 7332 1463 • Pazar günleri (Mayıs – Eylül arasında) ve resmi tatillerde kapalıdır. • Metro: Bank veya St. Paul's

Museum of London (Londra Müzesi)

8 Burada başkent ve tarih öncesinde Thames'in bataklık kıyılarına kurulan ilk yerleşimden günümüze kadar uzanan tarihi hakkında her şeyi öğrenebilirsiniz. En ilgi çeken eserler arasında 1666 yılındaki **Büyük Yangın**'a adanmış olan galeri ve 250 yıl önce yapılmasına rağmen hâlâ yılda bir kez kullanılan, kırmızı ve altın **Lord Mayor's Coach** *(Belediye Başkanı'nın Arabası)* vardır. Müze yüzyıllara dağılmış olan Londralıların hayatlarını kostümler, sesli hikâyeler ve mağaza dekorasyonlarının yanı sıra **Victorian Walk** *(Viktorya Yolu)* gibi manzaralarla da anlatır.

150 London Wall, EC2 • www.museumoflondon.org.uk • 020 7001 9844 • 24 – 26 Aralık tarihlerinde kapalıdır. • Metro: Barbican, St. Paul's veya Moorgate

İPUCU

Londra'nın en dikkat çeken binalarının geçmişte nasıl göründüklerini anlamak için Museum of London'dan Streetmuseum uygulamasını cep telefonunuza indirin. Burası bulunduğunuz yerler ile oranın tarihi fotoğraflarını eşleştirmektedir.

Barbican Centre (Gözetleme Kulesi)

9 1970'li yıllarda İkinci Dünya Savaşı'nda bombalanmış olan bir alan üstüne kurulmuş olan Barbican Centre, adını çoktan unutulup kaybolmuş olan şehir surlarından almıştır ve en büyük yerleşim kompleksidir. **Lakeside Terrace** şehrin kalbinde dinlenebileceğiniz sakin bir yer sağlar. Binanın içi, iki tiyatro, **London Symphony Orchestra**'nın *(Londra Senfoni Orkestrası)* evi de olan bir konser salonu, iki sanat galerisi ve üç sinema salonu ile oldukça hareketlidir.

Silk St., EC2 • www.barbican.org.uk • 020 7638 4141; Gişe: 020 7638 8891 • £££–£££££ • Metro: Barbican veya Moorgate

St. Paul's Cathedral

Şehrin taçlı ihtişamı olan bu kubbeli katedralin yapımı 35 yıl sürmüştür ve tam bir mimari başyapıttır.

St. Paul's katedralinin yapımı için açık renkli Portland taşı Dorset'ten botlar ile getirilmiştir.

Londra'nın Anglikan katedrali İngiliz Protestan inanışı için yapılan ilk kilisedir ve mimari mühendislik harikası olmanın yanı sıra mimarı Sir Christopher Wren'in dahiliğinin anıtı gibidir. Büyük Yangın 1666 yılında daha geleneksel örneğini yok edince, Wren kendi zamanına uygun, yani İngiliz barok stilinde yepyeni bir tasarım yaptı. Sonunda 1710 yılında tamamlanan katedral, muzaffer bir kubbenin yükseldiği görkemli bir mermer ve mozaik yapı halini almıştır.

■ Kutlamalar & Anıtlar
Ludgate Hill'in zirvesinden, St. Paul's Cathedral'in önünde göz korkutan bir manzara vardır; basamaklarının 9 metreye çıktığı Great West Door. 1981 yılında yapılan Lady Diana Spencer'ın Prens Charles ile olan düğünü gibi seremoniler için kullanılır. St. Paul's **Wellington Dükü** (nef içinde) ve **Amiral Lord Nelson** (South Transept'te) gibi ulusal kahramanların anıtlarını da barındırmaktadır.

■ Harika Süslemeler
Kilise bir haç şeklinde yapılmıştır. Kraliçe Victoria yapıyı "kasvetli, pis ve dindarlık dışı" bir yer olarak tanımladığında tavana mozaikler eklenmiştir. **Koro sahnesi** İngiltere'nin en çok tanınmış ahşap oymacısı olan 18. yüzyıl uzmanı Grinling Gibbons tarafından dekore edilmiştir. Katedralin her yerine yayılmış harika **yaldızlı dökme demir işleri** ise Fransız döküm ustası Jean Tijou tarafından yapılmıştır. **Yüksek mihrap** 1958 yılında, Wren'in bir gölgelik skecinden ilham alınarak yapılmıştır. Ayrıca yine 1958 yılında mihrabın arkasındaki **American Memorial Chapel** *(Amerikan Anıtı Şapeli)* açılmıştır. Burası 2. Dünya Savaşı'nda Avrupayı korumak için ölen 28.000 Amerikalı onuruna yapılmıştır.

■ Kubbe
111 metre yüksekliğindeki kubbe neredeyse Vatikan'daki St. Peter's Bazilikası kadar yüksektir. Dönerek yükselen 257 basamağı çıktıktan sonra ilk durak **Whispering Gallery**'dir *(Fısıltı Galerisi)*. Burada duvara dönükken bir şey fısıldarsanız, odanın karşısındaki (32 metre uzaktaki) bir kişi sizi rahatlıkla duyabilir. Adını da buradan almıştır. Burada kubbeyi dekore eden James Thornhill'in yaptığı St. Paul tablolarını görebilirsiniz. Tekrar 271 basamak çıktığınızda Londra manzaralı **Golden Gallery**'e *(Altın Galeri)* ulaşırsınız.

■ Mezarlık
Napolyon galipleri **Wellington Dükü** ve **Amiral Lord Nelson**'ın mezarları buradadır. Wren'in kendisi dahil pek çok ünlü isim burada onurlandırılmıştır. Kendisinin mezar yazıtı şu şekilde biter: "Okuyucu, eğer onun anıtını arıyorsan, etrafına bak."

İPUCU
Mezarlıkta sıcak ve soğuk yemek servisi yapan iyi bir cafe, bir restoran ve oturup dinlenebileceğiniz bir alan mevcuttur. Girişi kilisenin kuzey ucundadır ve ziyaret etmek için bilete ihtiyacınız yoktur.

St. Paul's Churchyard, EC4 • www.stpauls.co.uk • 020 7236 4128 • £££ • Pazar: Sadece ibadete açıktır, ücretsiz • Metro: St. Paul's veya Mansion House

Wren Kiliseleri

2,5 kilometre kare içinde City of London'ı tanımlayan ve İngiltere'deki dini mimarinin gelişim hikâyesini anlatan sıra dışı bir grup kilise vardır. Bazısı orta çağ zamanlarından kalmıştır ama çoğu, 1666 yılındaki Büyük Yangın'da yok olan 80 kilisenin 51'ini yapmak için bilim adamlığından mimarlığa geçen Sir Christopher Wren ile bağlantılıdır. 2. Dünya Savaşı'nda zarar gördüğü için restore edilmiş olan kiliselerin pek çoğunda modern unsurlar da bulunur.

St. Lawrence Jewry'deki vitraylı bir camda Sir Christopher Wren görünmektedir (yukarıda); Wren St. Mary-le-Bow'u (sağda) bir 11. yüzyıl kilisesinin mezarlığı üstüne inşa etmiştir.

Yaratıcı Tasarımlar

Büyük Yangın'ın küllerinden yükselen Sir Christopher Wren'in kiliseleri, yenilikçi bir tarza uyan o zamanın Protestan stilini temsil etmektedir. Kendi sözleriyle tasarımlarının merkezinde "cemaat net bir şekilde duyabilir ve vaizi görebilirdi."

Klasik Görünüm

St. Mary-le-Bow *(Cheapside, EC', www.stmarylebow.co.uk, 020 7248 5139, Cumartesi – Pazar günleri kapalıdır)* tekrar yapımına başlanan ilk kilisedir ve yangından sadece iki yıl sonra restorasyonuna başlanmıştır. Wren'in klasik 68 metre yüksekliğindeki çan kulesi diğer mimarlar için de standart olmuştur. (Londralıların bu kiliseye karşı özel bir sevgileri vardır. Çünkü sadece Bow çanlarının sesinin ulaştığı mesafede doğanların gerçekten Cockney; yani Londra'nın doğusundan olduğu söylenir.)

Wren kiliselerinin en ilgi çekici olanlarından biri **St. Mary Abchurch**'dür *(Abchurch La., EC4, www.london-city-churches.org.uk, 020 7626 0306, Çarşamba, Cumartes – Pazar günleri kapalıdır)*. 1686 yılında tamamlanan kilisede Wren'in ufak bir alanı nefes kesici bir yere çevirme konusundaki dâhiliği görülebilir. Kilisenin ortasındaki kubbe dışarıdan görünmez ve şair John Betjeman'in tasvir ettiği etkiyi yaratır; "hem canlandırıcı, hem de samimi". İlgi çeken diğer kısımları arasında St. Paul's Cathedral'in (bkz. s. 48 – 49) ahşap işlerinde de çalışmış olan Grinling Gibbons tarafından yapılan kilise mihrap arkalığı vardır.

Kubbe Prototipi

St. Stephen Walbrook *(Walbrook, EC4, www.ststephenwalbrook.net, 020 7626 9000, Cumartesi – Pazar kapalıdır)* İngiltere'deki ilk kubbeli kilisedir. Kendi mahallesinin kilisesi olduğundan Wren için özel bir değeri vardır, kendisi de No. 15 Walbrook'da yaşamıştır. Süslü kubbe sekiz Korint tarzı sütun ile desteklenir ve St. Paul's için bir prototip görevi görmüştür.

Corporation of London'un lonca kilisesi **St. Lawrence Jewry** *(Gresham St., EC2, www.london-city-churches.org.uk, 020 7626 1555, Cumartesi – Pazar günleri kapalıdır)* Guildhall (bkz. s. 46 – 47) yakınlarındadır. Antrede bu kiliseyi yaratan Wren'i, Gibbons'u ve duvarcı ustası Edward Strong'u tasvir eden vitrayları görün.

Kutlamalar

Yıllar boyunca müzisyenler, dansçılarla başarılı sanatçılar, sokakları ve parkları ele geçirerek yıllık festival ve kutlamalar için yarışan ekiplerle Thames Nehri'ne gitmiştir. Bazı olaylar modern Londra'nın etnik karışımını kutlarken, diğerleri ise yıllara hatta asırlara dayanır.

■ Lord Mayor's Show (Belediye Başkanı Şovu)

Lord Mayor şovu neredeyse 800 yıl öncesine, Kral John zamanında seçilen ilk belediye başkanının tahta olan bağlılığını göstermek için City'den Westminster'e gidişine kadar uzanır. Her Kasım ayının ilk Cumartesi günü yürüyüş yapan bandolar, şamandıralar, müzisyenler ve dansçılar Guildhall'dan başlar ve belediye başkanının bağlılık yemini ettiği Royal Courts of Justice'e olan yollar boyunca St. Paul's katedralinden geçerler. Gün saat 17.00'de Thames üzerinde atılan havai fişekler ile sona erer.

www.lordmayorsshow.org • Kasım. • Metro: Bank, St. Paul's veya Temple

■ Thames Festivali

Bu ücretsiz açık hava festivali Eylül ayında hafta sonunda yapılır ve başkentin sunduğu en iyi sanat ve müziği kutlar. Sahne performansları, sanat sergileri, bandolar, dans ve yemek tezgâhları Westminster'dan Tower Bridge'e kadar tüm Thames kıyısını kaplar. Festival gece karnavalı ve fantastik havai fişek gösterisi ile doruğa ulaşır.

www.thamesfestival.org • Eylül. • Metro: Waterloo, Embankment, London Bridge, veya Tower Hill

■ Yeni Yıl Günü Geçit Töreni & Festivali

Yeni yıl gününde yürüyüş yapan bandolar, dansçılar ve sokak performansçıları Piccadilly Circus, Trafalgar Square ve Whitehall boyunca Parliament Street'ten geçer.

www.londonparade.co.uk • 1.Ocak • Metro: Piccadilly Circus veya Charing Cross

■ Çin Yeni Yılı

Kutlamalar Çin Yeni Yılından sonraki hafta sonu yapılır (ay festivali, Çin Yeni Yılı her yıl farklı bir tarihte kutlanır). Renkli aslan dansları, akrobatlar, geçit yapan ejderhalar ve yemek tezgâhları Gerrard Street boyunca sıralanır. Veya Trafalgar Square'e gidip Çin müziğini dinleyebilir ve dev sahnede dans edebilirsiniz.

Geleneksel olarak Watermen'ler Belediye Başkanını bu yemini etmesi için saltanat kayığında götürürdü, ancak günümüzde yürüyerek gidiyorlar.

www.chinatownlondon.org • Ocak veya Şubat • Metro: Leicester Square

Notting Hill Karnavali

Avrupa'nın en geniş caddesinde yapılan kutlama dinamik ve çeşitliliği ile Londra'nın Afro-Karayip halkı anısına yapılır. Ağustos ayının son hafta sonu yapılan üç günlük cadde partisi Cumartesi günü, küçük orkestraların "Champions of Steel" lakabını kazanmak için yarışmaları ile başlar. Pazar günü çocukların karnavalıdır ve Pazartesi günü karnaval geçit töreni yapılır. Büyük bir kalabalık, renkli kostümler, maskeler, gürültülü reggae ve kalipso müziklerinin yanı sıra binlerce gösterici de yer alır.

www.thenottinghillcarnival.com • Ağustos • Metro: Notting Hill Gate veya Ladbroke Grove

Kano Yarişi

1829 yılında başlayan yıllık yarışlar Oxford ve Cambridge üniversiteleri arasındaki ezeli rekabetten doğmuştur. Sekiz adamın sıralandığı kanolar 6,4 kilometre boyunca, batı Londra'da Putney Bridge'den Chiswick Bridge'e kadar yarışır. Nehir kıyısındaki gürültülü kalabalığa katılın veya yarışı su kenarındaki bir bardan izleyin.

www.theboatrace.org • Mart veya Nisan • Metro: Hammersmith veya Putney Bridge

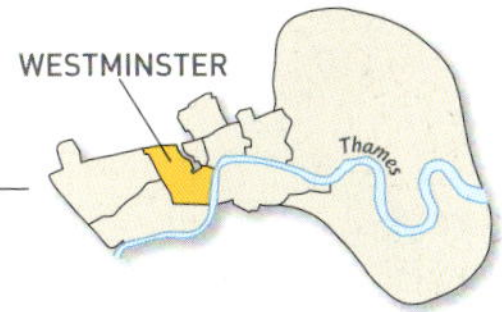

Westminster

Londra'nın tüm ihtişamı ve resmi hayatı Westminster çevresindedir; Thames'in kuzey kıyısından başlar, batıda Hyde Park'a, doğuda Regent Street'e kadar uzanır. Parliament Square'den İngiliz toplumunun ikiz desteklerini görebilirsiniz: Kralların ve kraliçelerin taç giydiği Westminster Abbey ve seçilmiş hükümetlerin gelip gittiği, Houses of Parliament olarak da bilinen Palace of Westminster. Yakındaki St. James parkının ağaçları arasından Buckingham Palace'ı görebilirsiniz. Özel durumlarda kraliyet ailesinin üyelerini balkonda görmek mümkündür. Parliament Square'den kuzeye gittiğinizde, Whitehall'un geniş caddesi yer altındaki Churchill War Rooms'un yakınından geçer. Whitehall'un batısındaki Horse Guard Parade, Trooping the Colour gibi resmi seremoniler için kullanılan alandır. Politikadan ve geçit alaylarından uzakta, harika sanat koleksiyonlarının yanı sıra Londra'nın en iyi mağazaları ve en gösterişli restoranları zarif Piccadilly ve Mayfair bölgelerinin etrafındadır.

◀ Westminster Abbey'in yükselen büyük kuleleri West Towers 18. yüzyılda eklenmiştir ve mimar Nicholas Hawksmoor tarafından tasarlanmıştır.

SEMTİ **TANIMAK**

❽ Wallace Collection (bkz. s. 62–63) Avrupa tabloları, mobilyaları ve dekoratif sanattan oluşan harika koleksiyonu gezin. Oxford Street'e çıkın ve alışveriş yapan kalabalığın arasından batıya, Hyde Park'a ilerleyin.

❾ Marble Arch (bkz. s. 63) Buckingham Palace'ın eski ulaşım yolu şimdi Oxford Street'in batı ucunda izolasyon altında tek başına durmaktadır. Park Lane'den aşağıya güneye doğru ilerleyin ve Curzon Street'ten sola, Shepherd Market'e dönün.

❼ Händel House Museum (bkz. s. 62) George Frideric Händel'in hayatı ve eserlerine adanmış bu sergiyi görün. Brook Street'ten devam edin ve Duke Street'ten sağa dönün.

❿ Shepherd Market (bkz. s. 63) Barların, restoranların ve butiklerin eklektik karışımı Mayfair'in canlı bölümündeki bu dar sokakları doldurur.

❶ Buckingham Palace (bkz. s. 58) Kraliçenin Londra'daki evinden başlayarak günlük muhafız değişimi seremonisini izleyin. Queen's Gallery'i ve Royal Mews'i keşfedin. Sonra St. James's Park'ın güneyi boyunca Birdcage Walk üzerinden ilerleyerek Parliament Square'e varın.

WESTMINSTER – MESAFE: 6,4 KİLOMETRE SÜRE: TAHMİNEN 8 SAAT
METRO BAŞLANGICI: HYDE PARK CORNER, GREEN PARK VEYA VICTORIA

Westminster

Ulusun en çok bilinen binaları Londra'nın bu köşesine sıkıştırılmıştır.

❻ Royal Academy of Arts (bkz. s. 61) Ufak kalıcı koleksiyonu veya ilgi çekici geçici sergiyi görün. Sonra tekrar Old Bond Street boyunca kuzeye ilerleyin ve Brook Street'ten Händel House Museum'a doğru sola dönün.

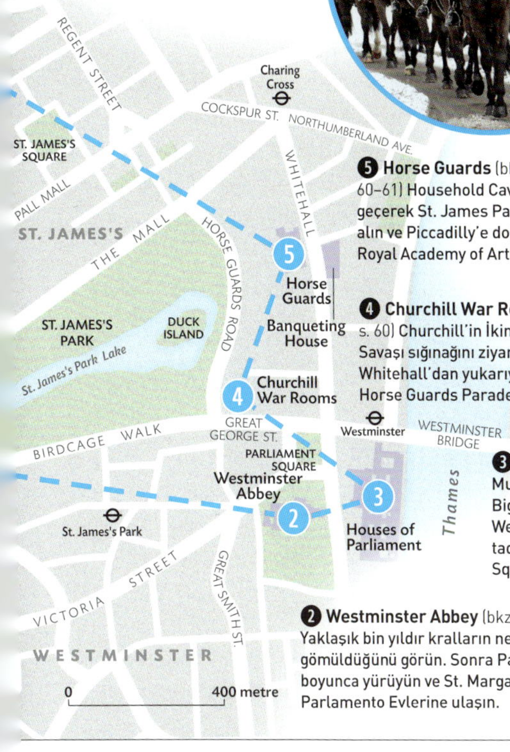

❺ Horse Guards (bkz. s. 60–61) Household Cavalry merkezini geçerek St. James Park'ını solunuza alın ve Piccadilly'e doğru kuzeye, Royal Academy of Arts'a gidin.

❹ Churchill War Rooms (bkz. s. 60) Churchill'in İkinci Dünya Savaşı sığınağını ziyaret edin ve Whitehall'dan yukarıya çıkarak Horse Guards Parade'e ulaşın.

❸ Parlamento Evleri (bkz. s. 58–59) Mutlaka "parlamentoların anasını" görmek, Big Ben'in çarpıcı saatini dinlemek ve Westminster Bridge'den görünen manzaranın tadını çıkarmak için durun. Sonra Parliament Square'i geçin ve Great George Street'e çıkın.

❷ Westminster Abbey (bkz. s. 64–65) Yaklaşık bin yıldır kralların nerede taç giydiğini ve gömüldüğünü görün. Sonra Parliament Square boyunca yürüyün ve St. Margaret Street'i geçerek Parlamento Evlerine ulaşın.

Buckingham Palace (Buckingham Sarayı)

1

Eski Ustaların tabloları, mobilyalar, Buckingham Palace'ın her Ağustos – Eylül ayları arasında halkın ziyaretine açılan 19 **Devlet Odasını** dekore eden Royal Collection'dan porselenler burada sergilenir. Bu 775 odalı konağa yapacağınız ziyaret sırasında muhafız değişimini (bkz. s. 67) veya bir limuzine binmekte olan kraliyet ailesinden herhangi bir üyeyi görebilirsiniz. Yüzünüzü saraya döndüğünüzde, sol tarafta her sabah Wellington Barracks'dan saraya yürüyüş yapan yeni muhafızları görebilirsiniz. **St. James's Park** iyi bir manzara izleme noktasıdır. Palace'ın güney kısmındaki **Queen's Gallery**'de *(Kraliçe'nin Galerisi)* 400 yıldır kraliçeler tarafından toplanan ve onlara emanet edilen Royal Collection'dan ulusal eserler, değişen sergiler halinde sunulur. Galerinin hemen arkasında kraliçenin arabasını çeken Windsor Grey atlarının evi olan **Royal Mews** *(Kraliyet Ahırları)* vardır. Gold State Coach (Altın At Arabası) taç giyme törenlerinde ve diğer büyük olaylarda kullanılır ve tarihi olaylar için kullanılmış olan diğer yedi at arabası, arabacının giydiği altın örgülü devlet üniforması ve ahır görevlileri kraliyet ailesinin nasıl yolculuk yaptığını gösterir.

The Mall, SW1 • www.royalcollection.org.uk • Devlet Odaları: 020 7766 7300, ££££, Ağustos – Eylül arası açık (tarihler her yıl değişir), özel turlar (££££) yaz ayları dışında özel olarak rezervasyon yapılabilir. • Queen's Gallery: £££, kamu tatillerinde kapalıdır Royal Mews: £££, açılış zamanları yıl içinde değişir. Metro: Hyde Park Corner, Green Park veya Victoria

Westminster Abbey (Westminster Manastırı)

2

Bkz. s. 64 – 65

Broad Sanctuary, SW1 • www.westminster-abbey.org • 020 7222 5152 • ££££ • Pazar günleri sadece ibadet için açıktır, ücretsizdir. • Metro: Westminster

Parlamento Evleri

3

Westminster Abbey'in karşısında tanıdık Viktorya dönemi neo-Gotik Palace of Westminster *(Westminster Sarayı)* vardır ve

Parlamento evlerinin Central Lobby bölümünü kral ve kraliçelerin heykelleri doldurur.

1834 yılında yangında eski binanın yıkılmasından sonra yapılmıştır. Binanın kuzey ucundaki **saat kulesinde** dört ufak çanın her 15 dakikada bir, **Big Ben**'in ise her saat başı çalışını dinleyin. Güney ucundaki **Victoria Tower** 1858 yılında tamamlandığında dünyadaki en yüksek laik yapıydı. Kraliçe binayı ne zaman ziyaret etse, Sovereign's Entrance'ı kullanır. Parlamentoyu tartışma halindeyken veya komiteleri çalışma yaparken izlemek isteyen ziyaretçiler **Central Lobby**'e açılan Parliament Square üstündeki St. Stephen's girişini kullanırlar. Ayrıca lobinin üstündeki **Central Tower**'a da çıkabilirler. Yüksek kurul, House of Lords lobinin sağındadır. Lobinin solunda **House of Commons** vardır ve burada seçilmiş Parlamento üyeleri (MPs) otururlar. St. Stephen's girişinin solundaki Great Hall binanın tarihi kalbidir. 1097 tarihinden kalma salonda kuzey Avrupa'da ki en büyük ahşap çatı vardır ve onun altında sayısız yasa geçmiş, mahkemeler düzenlenmiş ve taç giyme kahvaltıları yapılmıştır.

Parliament Square, SW1 • www.parliament.uk • 0844 847 1672 • Metro: Westminster

Churchill War Rooms (Churchill Savaş Odaları)

4 İkinci Dünya Savaşı sırasında Sir Winston Churchill ve kabinesi orduyu Parliament Square ile 10 Downing Street'teki başbakanlık konutu arasında bulunan bu yeraltı sığınağından yönetmişlerdir. Churchill'in burada bir yatak ve masanın bulunduğu kendi odası olsa bile, sadece üç kez burada yatmıştır. 1940 yılında Londra ağır bir şekilde bombalanırken ünlü savaş konuşmalarının çoğunu burada yazmıştır. Yatağın hemen yanında kül tablası durmakta ve Churchill o ünlü purolarından birini içerken odayı daha henüz terk etmiş gibi bir his yaratmaktadır. Diğer odalar mümkün olduğu kadar o çatışma sırasında oldukları gibi korunmuştur. **Cabinet Room**'da *(Kabine Odası)* şefler ve elemanlar kararlar vermekte, **Map Room**'da *(Harita Odası)* Ordu, Donanma ve Hava kuvvetleri görevlileri Battle of Britain'da vurulan uçakların skorlarını tutmakta ve sayısız diğer savaşların gidişatını takip etmekteydiler. Churchill, Beyaz Saray ile iletişimi bir süpürge dolabından **transatlantik telefon odasına** çevrilmiş olan ufak yerden sürdürürdü.

Haritalarla, grafiklerle ve notlarla kaplı olan harita odası Map Room, Churchill'in 2. Dünya Savaşı sığınağının merkeziydi.

King Charles St., SW1 • http://cwr.iwm.org.uk • 020 7930 6961 • ££££ • 24 – 26 Aralık tarihlerinde kapalıdır. • Metro: Westminster veya St. James's Park

Horse Guards (Atlı Muhafızlar)

5 Whitehall'dan Trafalgar Square'e doğru, Downing Street'i geçtiğinizde gördüğünüz bu binalar topluluğu 1690'lı yıllarda yanarak yıkılan Palace of Whitehall'un yerine yapılmıştır. Bugün Household Cavalry'den atlı muhafızlar (Horse Guards) tüylü şapkaları, kalçalarına kadar çıkan çizmeleri ve çekili kılıçları ile nöbet tutarlar. İki nöbetçi her gün 10.00 – 16.00 arasında nöbettedir. Eski sarayın mızrak dövüş alanı olan bahçe şimdi **Horse**

Guards Parade'dir, burada her yıl kraliçenin doğum günü gibi seramoniler yapılır ve **Trooping the Colour** olarak bilinir (bkz. s. 67). Household Cavalry saat 10.00 – 16.00 arasında Horse Guards olarak nöbet tutar ve nöbet değişimi 11.00'de olur. Ayrıca **Household Cavalry Museum**'un bir parçası olan 18. yüzyıl ahırlarında nöbetçilerin atlarının bakımları ile ilgilendiklerini görebilirsiniz. Burada 350 yıldır kraliyet ailesine hizmet eden ve hâlâ kraliçenin hizmetinde olan Household Cavalry bölükleri hakkında bilgi edinebilirsiniz.

Whitehall, SW1 • www.householdcavalrymuseum.co.uk • 020 7930 3070 • ££ • 24 – 26 Aralık tarihlerinde kapalıdır. • Metro: Westminster veya Piccadilly Circus

YEMEK YENECEK EN İYİ YERLER

■ INN THE PARK
St. James Park'da harika bir göl manzarası eşliğinde kahve ve dondurma için durabilirsiniz. **Ivy Lodge, St. James's Park, SW1, 020 7451 9999, ££**

■ SKETCH PARLOUR CAFE
XV. Louis dekoru ile harika kekler ve hamur işleri bu davetkâr cafede sunulur. Geceleri ise bir gece kulübüne dönüştürülür. The Lecture Room and Library Restaurant'ın Michelin yıldızı vardır. **9 Conduit St., W1, 020 7659 4500, £££**

■ THE WOLSELEY
Bu zengin ve seçkin yerde eskiden 1920'li yıllarda yapılmış mermer zeminli bir araba showroomu vardı. Şimdi lezzetli öğle yemekleri bulabilirsiniz. **160 Piccadilly, W1, 020 7499 6996, ££**

Royal Academy of Arts
(Kraliyet Sanat Akademisi)

6 Özel fonlarla desteklenen ve bağımsız bir şekilde idare edilen Piccadilly'deki Royal Academy, İngiltere'nin önde gelen sanatçı topluluğunu barındırır. **Burlington House** Piccadilly'de kalan son 17. yüzyıl asilzade konağıdır ve büyük çeşmelerle dolu bahçesini diğer saygıdeğer kurumlar ile paylaşır. Ücretsiz **John Madejski Fine Rooms** turu Akademi çalışmalarından örnekler sergiler ve koleksiyondaki tablolar görülebilir. Büyük uluslararası sergiler yıl boyunca görülebilir ama en ilgi çekici olay yıllık **Summer Exhibition**'dır *(Yaz Sergileri)* ve burada Akademisyenler ile halk tarafından yapılan tablolar, çizimler ve heykeller görülebilir. Herkes komiteye kendi eserlerini sunabilir ve başarılı bulunanlar kendi eserlerini David Hockney ve Tracey Emin gibi Akademisyenlerin eserleri ile yan yana asılmış olarak görebilirler.

Piccadilly, W1 • www.royalacademy.org.uk • 020 7300 8000 • Sergiler: £££ • Metro: Piccadilly Circus veya Green Park

Handel House Museum (Hendel Ev Müzesi)

7 South Moulton Street'in güney ucunda 1723 yılından, 1759 yılındaki ölümüne kadar George Frideric Handel'in yaşadığı ve çalıştığı ev vardır. Handel *Messiah (Mesih)* ve *Music for the Royal Fireworks (Kraliyet Havai Fişekleri için Müzik)* gibi en sevilen kompozisyonlarından bazılarını burada bestelemiştir. Güzelce restore edilmiş sevimli Georgian iç dekorasyonlu evde mektuplar, yazılar ve opera ile oratoryoların ilk versiyonları görülebilir. Ziyaret eden topluluklar haftalık barok müziği konserleri verirler.

25 Brook St., W1 • www.handelhouse.org • 020 7495 1685 • ££ • Pazartesi ve bazı kamu tatillerinde kapalıdır. • Metro: Bond Street

The Wallace Collection (Wallace Koleksiyonu)

8 Manchester Square'deki *(Manchaster Meydanı)* bu zarif bina ve sanat koleksiyonu yakındaki kalabalık mağazalar ile dolu Oxford Street'ten uzakmış gibi görünür. İlk Hertford Markizi kolek-

Wallace Collection'da 500'den fazla Fransız porseleni ve mobilya vardır.

siyona 18. yüzyılda Sir Joshua Reynolds tarafından çizilen çocukların resimleri ve altı Venedikli ressam Canaletto tablosu ile başlamıştır. Rembrandt, Titian ve Velázquez gibi ustaların tabloları duvarları süsler. Fragonard'ın "The Swing" *(Salıncak)* ve Poussin'in "Dance to the Music of Time" *(Zamanın Müziği ile Dans)* eserleri pek çok Fransız tablosu arasından sıyrılır. Diğer değerli eserler arasında 18. yüzyıl dolap üreticisi André-Charles Boulle mobilyaları ve İngiltere'deki en iyi silah ve zırh koleksiyonu vardır.

Manchester Square, W1 • www.wallacecollection.org • 020 7563 9500 • 24 – 26 Aralık tarihlerinde kapalıdır. • Metro: Bond Street veya Marble Arch

Marble Arch (Mermer Kemer)

9 Oxford Street ve Park Lane'in buluştuğu yerde trafikle çevrili bir adada izole edilmiş bu anıtsal kemer orijinal olarak Buckingham Palace'ın girişi için yapılmıştır ve 1851 yılında şuanki yerine getirilmiştir. Carrera mermerinden yapılmış ve Konstantin'in antik Roma zafer kemerinden ilham alınmış olan yapı bir zamanlar polis istasyonu olarak hizmet vermiş olsa da, şuan bir amaç için kullanılmaz. Bir zamanlar burada polis memurları yakındaki Hyde Park'daki **Speaker's Corner**'ı *(Konuşmacı Köşesi)* izleyebiliyorlardı, burası herkesin istediği her şeyi söyleyebildiği bir yerdi. Marble Arch ayrıca 1783 yılında halka açık bir idam mekânı olan Tyburn Tree'nin eski yerini de işaretler.

Oxford St. ve Park Lane kesişimi • Metro: Marble Arch

BUNU **BİLİYOR MUYDUNUZ?**

Newgate Prison'dan Tyburn'a gidiş rotası şuan Oxford Street'in takip ettiği rotayı izler ve Tyburn Way olarak bilinir. Burada idamları izlemek için toplanan kalabalığa hizmet vermek üzere tezgâhlar kurulurdu.

Shepherd Market (Çoban Pazarı)

10 Hemen Curzon Street'in dışında köy benzeri Shepherd Market Mayfair'in (batısına doğru) antik bir köşesidir ve dar caddelerinde 18. yüzyıl evleri sıralanmıştır. MayFair'in bu bölgesinin yıllık şenlik yeri olarak kullanımı 1708 yılında yasaklanmıştır ve adını buradan alır. Shepherd Market ufaktır ve çoğunlukla lüks mağazaları, restoranları ve birçok Viktorya dönemi barını içerir.

Curzon St. ve Piccadilly arasında • Metro: Hyde Park Corner veya Green Park

Westminster Abbey

Bu görkemli bina İngiliz tarihinin tüm ihtişamını özetler.

Westminster Abbey korosu kilisenin ortasındaki 19. yüzyıl koro sahnesinde performanslarını sergilerken.

Londra'nın en güzel binası aynı zamanda en eski olanıdır, tarihi Thames kıyısında 12 Benediktin keşişinin M.S 960 yılında kurduğu manastıra kadar uzanır. 11. yüzyılda Kral Edward the Confessor yeni ve daha büyük bir kilise ve manastır inşa etmiştir. Bu da Kral III. Henry'nin 1245 yılında yaptırdığı şu anki Gotik yapı ile değiştirilmiştir. Edward'ın manastırından bazı binalar hâlâ görülebilir, buna Westminster School (Westminster Okulu) dâhildir. Kilise korosu Choir School'un (Koro Okulu) 30 genç delikanlısı günlük koro servisinde yer alırlar.

Yüksek Sunak

Kuzey girişinden dümdüz yürür ve solunuza bakarsanız yüksek sunağın 1268 yılından kalma renkli mozaik yer döşemesini görebilirsiniz. Sunağın arkasındaki **St. Edward's Chapel** King Edward the Confessor'ı anar. Kendisinin yeni yaptığı şapel ölümünden bir yıl önce, 1065 yılında kutsanmıştır. Şapelde Edward'ın türbesi ve kraliyet ailesinden geri kalanların mezarları bulunur. Şapelin dışında yüksek duvarlı masif meşeden yapılmış **Coronation Chair** *(taç giyme koltuğu)* dört yaldızlı aslan tarafından korunur. 1308 yılından bu yana sadece iki kral (Kral V. Edward ve Kral VIII. Edward) burada taç giymiştir.

Henry VII'nin Lady Chapel'i

Coronation Chair'in arkasında mücevher benzeri Henry VII'nin Lady Chapel'ini ziyaret edin: Yelpaze şekilli kemerlerinde dantel dokunuşları vardır. Henry'nin üyesi olduğu House of Tudor *(Tudor Evi)* sembolü bronz kapıları süsler. Kralın mezarı, eşi Elizabeth of York'un son dinlenme yeri ile birlikte sunağın arkasındadır. Lady Chapel'in **kuzey koridorunda** 1. Kraliçe Elizabeth'in ve yarı kardeşi Kraliçe Mary'nin renkli Tudor mezarları bulunur. Din nedeniyle birbirlerinin düşmanı olmuş olan kız kardeşler burada ölümlerinden sonra birleşmişlerdir. **Güney koridorunda** gömülü olan başka kraliyet ailesi üyeleri de vardır, bunların arasında buraya son olarak 1760'da gömülen Kral 2. George bulunmaktadır.

İPUCU

Manastırı görmek için **Central Hall Westminster**'in terasını ziyaret edin *(Storey's Gate, SW1, www.c-h-w.com, 020 7222 8010)*. Burası bir konferans merkezi ve Parliament Square'de ki Metodist kilisesidir.

Şair Köşesi

Kilisenin haç şeklindeki yan kollarının **güney bölümü** İngiliz yazarlarının hayatını anar. Shakespeare ve Lord Byron için yapılan anıtların yanı sıra, Dr. Samuel Johnson, Charles Dickens ve besteci George Frideric Handel'in mezarları buradadır. Ayrıca aktör Sir Laurence Oliver'ın külleri de buraya gömülmüştür.

Kilise Salonu

150 yıllık ve 31 metrelik kilise tavanı İngiltere'nin en yükseğidir. Burada gömülü olanlar arasında *On the Origin of Species*'in *(Türklerin kökeni)* yazarı Charles Darwin de vardır. Batı pencerelerinin altında Birinci Dünya Savaşı'nda ölenlerin anısına yapılmış olan **Bilinmeyen Asker** mezarı da bulunmaktadır.

Broad Sanctuary, SW1 • www.westminster-abbey.org • 020 7222 5152 • ££££ • Pazar: Sadece ibadete açıktır. • Metro: Westminster

WESTMINSTER

Kraliyet Şehri

Anglo Sakson kral Edward the Confessor'dan beri krallar Londra'yı merkezleri seçip görünüşüne savurgan saraylar ekleyerek şehre ihtişam ve azamet katmışlardır. Kraliyet sarayları zengin tarihleri ve gelenekleri ile başlangıcı yüz yıllara dayanan renkli ve harika seremonilere ev sahipliği yaparlar.

Prens William ve Kate Middleton (yukarıda) Nisan 2011 tarihinde Westminster Kilisesinde evlenmişlerdir. Sağdaki London's White Tower 1097 yılında tamamlanmıştır.

Hükümet Merkezi

William the Conqueror 1066 yılında İngiltere'yi işgal ettiği zaman, Hampshire'daki Winchester ülkenin başkentiydi. Ancak Londra en büyük şehirdi ve William bu şehri kontrol altına alması gerektiğini biliyordu. Bu yüzden taç giyme töreni için Edward the Confessor'ın henüz yeni tamamlanmış **Westminster Kilisesini** *(bkz. s. 64 – 65)* seçti ve **Tower of London**'ın *(Londra Kulesi - bkz. s. 168 – 169)* merkezini oluşturan White Tower'ı inşa ettirdi.

Daha sonra Kral II. William'ın **Great Hall**'u *(Büyük Salon - bkz. s. 59)* eklettireceği ilk Palace of Wesminster *(Westminster Sarayı)* 12. yüzyılda kraliyet ailesinin Londra'daki ana kraliyet ikâmetgâhı olmuştur.

Sarayların Başarısı

16. yüzyılda Kral VIII. Henry, Palace of Whitehall'u *(Whitehall Sarayı)* esas konutu yaptı. Daha önce York House olarak bilinen yer önceden Kardinal Wolsey'e aitti. Henry buranın ismini değiştirip genişletti ve atlı mızrak dövüşü için bir alan yaptırdı, şimdi bu alan Horse Guards Parade'dır. 1622 yılında Kral I. James **Banqueting House** *(Whitehall SW1, www.hrp.org.uk, 020 3166 6154/5, ££, Pazar günleri, kamu ta-*

tilleri ve 24 Aralık ile 1 Ocak tarihlerinde kapalıdır) bölümünü yaptırdı, burası ayrıca Greenwich'deki **Queen's House**'ı da (bkz. s. 167) yapan Inigo Jones'un tasarımıdır. Tavan boyamaları Peter Paul Rubens'e ait olan Banqueting House Kral I. Charles tarafından kullanılmaya başlandı ve burası Whitehall Palace'ın kalanını yok eden 1698 yangınından sonra hayatta kaldı.

Banqueting House'a bir kilometreden daha az mesafedeki, kuzey bekçi evi **St. James's Palace** *(www.royal.gov.uk)* merkez Londra'nın nadir Tudor yapılarından biridir. Kral VIII. Henry sarayı 1530'lu yıllarda yaptırmış ve genellikle burayı kraliyet elçilerini kabul etmek için kullanmıştır. Şimdi bile İngiltere büyük elçileri Court of St. James'de akredite edilirler.

1761 yılında Kral III. George Buckingham House'ı satın aldı ve 1828 yılında Kral IV. George mimar John Nash'den burayı bir saraya çevirmesini istedi. Victoria 1837 yılında kraliçe olduğunda iş henüz bitmemişti. Buna rağmen buraya taşındı ve **Buckingham Palace** *(Buckingham Sarayı - bkz. s. 58)* o günden beri kraliyet ailesinin Londra'daki evi oldu.

KRALİYET SEREMONİLERİ

Muhafız Değişimi Her sabah Buckingham Palace'da nöbet tutan muhafız değişir. **Buckingham Palace (bkz. s. 58) www.changing-the-guard.co.uk, her gün 11.30'dan öğlene kadar**

Renk Yürüyüşü Foot Guards birliği her yıl kraliçenin doğum gününü kendi birliklerinin bayraklarını taşıyarak yaptıkları geçit töreninde kutlarlar. **Horse Guards Parade (bkz. s. 60 - 61), www.trooping-the-colour.co.uk, Haziran ayında bir Cumartesi günü**

Anahtar Seremonisi Tower of London'ın kapıları geceleri kilitlenir. **Tower of London (bkz. s. 168 - 169), www.hrp.org.uk, her gece.**

Mağlubiyet İnzivası Kraliyet ailesinin bir üyesi selamlamaya katılır. **Horse Guards Parade (bkz. s. 60 - 61), www.guardsbeating retreat.com, Haziran ayında iki kez.**

Mayfair'in Şık Mağazaları

Westminster'in kuzeyindeki Mayfair lüks mağazalardan seçkiler sunar ve bunların çoğu yüz yıllardır hizmet vermektedir. İster vitrin seyretmek, isterseniz de savurganlık yapmak için gelmiş olun burada mükemmel mücevher, sanat eseri veya el yapımı trüfler bulabilirsiniz.

■ Bond Street

Sadece bir kilometre uzunluğundaki Bond Street kolay alışveriş imkânı sağlar. Büyük moda tasarımcılarının outlet merkezleri ve yeni açılmış **Christian Dior**'un *(No, 160)* yanı sıra mücevherler ve antikacılar bulabilirsiniz. Mücevherler **De Beers**'in *(No. 50)* mağazalarının vitrinlerinde ışıldarken, **Asprey** *(No. 167)* bavullar ve aksesuarlar ile mücevherler satar. **Bonhams**'da *(No. 101)* veya **Sotheby's** de *(No. 34 – 35)* bir açık arttırma izleyebilir veya **Richard Green** *(No. 147)* ve **Fine Art Society** *(No. 148)* gibi lüks galerileri gezebilirsiniz.

www.bondstreetassociation.com

■ Cork Street

Bond Street'in doğusundaki Cork Street'in zarif ve uzun zamandır burada olan galerilerinde daha fazla sanat eseri bulabilirsiniz. **Bernard Jacobson** *(No. 6)* Howard Hodgkin, Ben Nicholson ve Helen Frankenthaler'in çalışmaları ile tanınır. **Redfern** *(No. 20)* yirmiden fazla modern artisti ve onların eserlerini temsil eder, bunların arasında Patrick Procktor ve heykeltıraş Lisa Lombardi vardır. **Flower**'da *(No. 21)* durarak John Kirby baskısını veya bir Jiro Osuga tablosunu görebilir, **Adam Gallery**'de *(No. 24)* Georges Braque ve Patrick Heron gibi 20. yüzyılın başlarından büyük sanatçıların eserlerini ziyaret edebilirsiniz.

www.galleries.co.uk/g-crk.htm

■ Burlington Arcade

Cork Street'in hemen güneyindeki bu cam çatılı alışveriş bulvarı antika gümüşler, mücevherler ve çok lüks şık saatler ile ışıldar. 1819'da açılan yer İngiltere'nin ilk alışveriş pasajıdır ve özel dükkânları barındırır. **N. Peal** *(Nos. 37 – 40)* kaşmir süveterler, **Pickett** *(Nos. 32 – 33 & 40)* İngiliz yapımı deri ürünleri ve **Globe-Trotter** *(Nos. 54 – 55)* gizli bir metot ile üretilen lüks bavullar için doğru adrestir. Yüksek şapkalı muhafızlar pasajı dolaşır ve

Burlington Arcade'ın zarif ortamında lüks ürünler bulabilirsiniz.

ıslık çalmak veya koşmak gibi kural dışı davranışları denetlerler.

www.burlington-arcade.co.uk

■ Savile Row

Harika takım elbiselerin dikildiği Georgia tarzı binalarla, dünyanın en önde gelen erkek giyim markaları bu sokakta sıralanmıştır. **Gieves and Hawkes** *(No. 1)* 1771 yılından beri terzilik yapmakta ve kâşif Robert Scott ve yazar Noel Coward'ı giydirmektedir. Veya Fred Astaire ile Marlene Dietrich gibi moda ikonlarının adımlarını takip edip Old Burlington Street'in köşesindeki **Anderson & Sheppard**'ı *(No. 32)* ziyaret edebilirsiniz. Hepsinin babası ise buradaki ilk terzi mağazasını 1822 yılında açan **Henry Poole & Co.**'dur *(No. 15)*. Buranın müşterileri arasında Charles Dickens ve III. Napolyon vardı.

www.savilerowbespoke.com

■ Fortnum & Mason

Semtin en iyi manavı sadece Fortnum için üretilmiş olan şarapları ve çatısındaki arı kovanlarından gelen balı satar. Kendinize Fortnum Pickle veya bir paket Chocolossus Biscuits ısmarlayın. Sonra ikindi çayınızı içerken dinlenin.

181 Piccadilly, W1 • www.fortnumand mason.com • 020 7734 8040

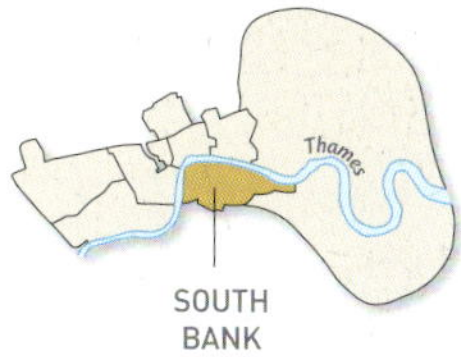

South Bank

London Eye ile şehri gökyüzünden izledikten sonra Westminster Bridge'den Tower Bridge'e yürüyün ve neredeyse limitsiz ücretsiz eğlence fırsatından yararlanın. Festivallere katılın, canlı müzik dinleyin, koşu yapın, bisiklete binin, kaykayla gezin veya sadece 4,8 kilometrelik nehir kenarını yürüyün. Ücretsiz Tate Modern sanat galerisini gezin, burası mimarisi ve cafesinin manzarası kadar içindeki sanat eserleri için de gezmeye değerdir. Ücretli eğlenceler arasında Waterloo Bridge civarındaki birçok kültürel merkez, Southbank Centre'ın konser salonu, National Theatre ve British Film Institute vardır. Yeniden yapılmış ancak oyunların hâlâ Shakespeare zamanındaki gibi oynandığı Globe tiyatrosunda geçmişe bir yolculuk yapın. Doğuya doğru devam ettiğinizde Sir Francis Drake'i dünyanın çevresinde dolaştıran geminin birebir örneğini göreceksiniz. Clink Prison yakınları kalbi zayıf olanlar için değildir. Yemek severler Borough Market'in tamamı açık havada olan tezgâhlarına bayılırken, Tower Bridge'in hemen doğu yakasında bulunan Butler's Wharf'daki restoranlarda pahalı yemekler daha resmi bir ortamda sunulur.

◀ Saniyede 25 santimlik yavaş bir hızla sizi taşıyan London Eye şehrin kuş bakışı manzarasını sunar.

South Bank

En iyi nehir manzaralarını yakalamak için Thames'in bu bölümünde dolaşın. Öğle yemeği veya atıştırmalıklar için durun ve sonra bir sanat şovuna veya konsere gidin.

3 Southbank Centre (bkz. s. 74–75) Londra'nın önde gelen sanat merkezini ziyaret ederek bir sanat şovu veya performans izleyin ve Waterloo Bridge'in altından devam edin.

4 National Theatre (bkz. s. 75) Yazın binanın önündeki alanda sergilenen gösterileri izleyebilirsiniz. Sonra doğuya Millennium Bridge'e doğru ilerleyin.

5 Tate Modern (bkz. s. 78–79) Bu eski elektrik santrali 1900'lü yıllardan beri sanat eserleriyle doludur. Nehir boyunca doğuya doğru ilerlemeye devam edin.

2 London Eye (bkz. s. 74) Şehrin en iyi manzaraları için bu dev dönme dolabın tepesine ulaşın. Sonra kuzeydoğuya doğru nehir kıyısından yaklaşık beş dakika yürüyün.

1 Imperial War Museum (bkz. s. 74) Silahlar ve zırhlardan oluşan koleksiyonu keşfettikten sonra, Westminster Bridge'den kuzeybatıya ilerleyin ve hemen köprüden önce sağdaki basamaklara sapın.

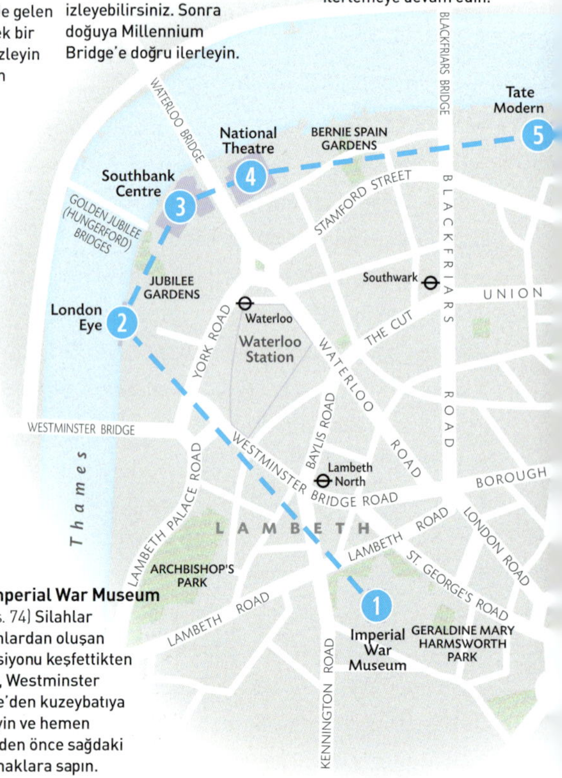

SOUTHBANK – MESAFE: 5,4 KİLOMETRE SÜRE: TAHMİNEN 4 – 6 SAAT
METRO BAŞLANGICI: LAMBETH NORTH

❻ Shakespeare's Globe (bkz. s. 76) Açık havadaki bu çok köşeli bina Shakespeare'in orijinal tiyatrosunu canlandırır. Southwark Bridge'in altından geçin ve Clink Street'ten ilerleyin.

❼ Clink Street (bkz. s. 76) Bu dar sokakta orta çağa geri dönersiniz. Burası İngiltere'nin ilk hapishanesidir. Eski yolları takip ederek Borough Market boyunca doğuya ilerleyin.

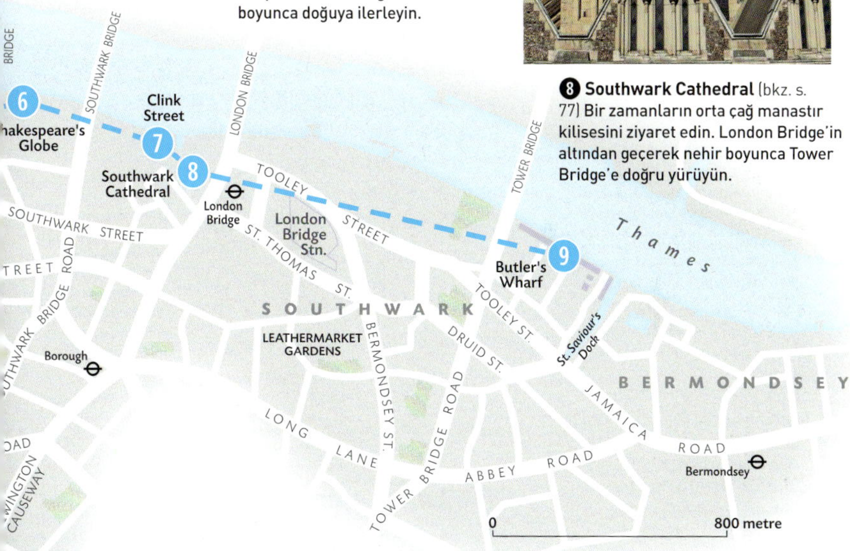

❽ Southwark Cathedral (bkz. s. 77) Bir zamanların orta çağ manastır kilisesini ziyaret edin. London Bridge'in altından geçerek nehir boyunca Tower Bridge'e doğru yürüyün.

❾ Butler's Wharf (bkz. s. 77) 1873 yılında tamamlanan rıhtım bir zamanlar Thames üstündeki en büyük ambardı. Resmedilmeye değer binalar o zamandan beri şık restoranlara dönüştürülmüştür.

Imperial War Museum (İmparatorluk Savaş Müzesi)

1 Büyük silahlar, tanklar ve savaş uçakları ziyaretçilerin ilgisine açıktır ama en popüler sergiler 1. Dünya Savaşı'ndaki hendeklerin canlandırmaları ile 2. Dünya Savaşı'ndan manzara, ses ve kokular ile yaşanan **Blitz Experience**'dir, askerlerin savaşta yaşadığı gerçekliği sıradan insanlara yaşatır. Günlükler, fotoğraf albümleri ve oyuncaklar Nazi Soykırımını canlandırmak için kullanılan objeler arasındadır. Savaş sanatları bölümünde Paul Nash ve Henry Moore'un eserleri görülebilir.

Lambeth Road, SE1 • www.iwm.org.uk • 020 7416 5000 • 24 – 26 Aralık tarihlerinde kapalıdır. • Metro: Lambeth North

İPUCU

London Eye için online rezervasyon yaparak hem indirim alabilir hem de özellikle yazın oldukça uzun olabilecek sıralardan kaçınabilirsiniz. Bilet ofisi Londra'nın eski yerel hükümetinin evi olan Count Hall'da, hemen London Eye'ın yanındadır. County Hall ayrıca oyunlara, çarpışan arabalara ve bowlinge ev sahipliği yapan **Namco Station**'ı barındırır. Ayrıca denizaltı yaşamını sergileyen, üç kata yayılmış olan ve 40 köpek balığını da içeren **Sea Life London Aquarium**'da (Londra Akvaryumu Deniz Hayatı) buradadır.

London Eye

2 Londra ufkuna kendi özel siluetini ekleyen Eye, 135 metre yüksekliği ile dünyanın en uzun dirsekli gözlem tekerleğidir. Onun bölümlerinden birinde yapacağınız ağır yükseliş Parlamento evlerinden güneyde North Downs tepelerine, doğuda Elizabeth II Bridge'den batıda Windsor Castle'a kadar neredeyse 40 kilometrelik bir manzarayı gözler önüne serer.

Riverside Building, County Hall, Westminster Bridge, SE1 • www.londoneye.com • 0870 990 8883 • £££ • 25 Aralık tarihinde kapalıdır. • Metro: Waterloo, Embankment veya Westminster

Southbank Centre (Güneykıyı Merkezi)

3 South Bank'in merkezindeki sanat komplekslerinin arasında **Royal Festival Hall** *(Kraliyet Festival Salonu)* vardır. Burası Birinci Dünya Savaşı'ndan sonra ruh halini (ve işleri) düzeltmek amacıyla 1951 yılında Festival of Britain'ın bir parçası olarak açılmıştır. London Philharmonic *(Londa Filarmonik)* ve London Sinfonietta *(Londra Senfoni)* gibi dört orkestranın evidir ve daha ufak topluluklar bitişiğindeki **Queen Elizabeth Hall** ve **Purcell Room**'da sahne alırlar. Festival Hall'un ana barı ve **Clore Ballroom** genellikle ücretsiz canlı müzik sunar ve nehre bakan terası man-

Imperial War Museum'daki uçakların arasında Sopwith Camel (merkezde) ve Spitfire (üst solda) yer alır.

zarayı izlemek için idealdir. **Hayward Gallery** modern sanat şovlarına ev sahipliği yapar ve çocuklar **Waterloo Sunset Pavilion**'daki kartondan yapılmış dokunuşa tepki veren monitörlere bayılırlar. Komşusu **BFI Southbank** eski ve yeni filmlerin yanı sıra film festivallerine de yer verir. İngiltere'deki en büyük ekran IMAX sinemasındadır.

South Bank, SE1 • www.southbankcentre.co.uk • 0844 875 0073 • ££–£££££ • Metro: Embankment veya Waterloo

National Theatre (Ulusal Tiyatro)

4 1976 yılında açılmış olan NT'ye ait üç tiyatro da her yıl binden fazla klasik veya modern drama gösterileri sergilenmektedir. Ayrıca sohbet seanslarına, sahne arkası turlarına katılabilir, fuayede canlı müzik dinleyebilir veya neşeli atmosferin zevkini çıkarabilirsiniz. Ayrıca akşam yemeği veya bir içki eşliğinde terasından harika nehir manzaralarını da izleyebilirsiniz.

South Bank, SE1 • www.nationaltheatre.org.uk • 020 7452 3000 • ££–£££££ • Box Office (Bilet ofisi) kısmı kamu tatillerinde kapalıdır. • Metro: Embankment veya Waterloo

Tate Modern

5 Bkz. s. 78 – 79

Bankside, SE1 • www.tate.org.uk/modern • 020 7887 8888 • 24 – 26 Aralık tarihlerinde kapalıdır. • Metro: Southwark, London Bridge, St. Paul's veya Mansion House

YEMEK YENECEK EN İYİ YERLER

■ TAŞ PİDE
Bu çekici ahşap kirişli Türk restoranı pidenin yanı sıra bir nevi pizza ile lezzetli (hem etli hem vejetaryen) Anadolu yemekleri sunar. **20 New Globe Walk, SE1, 020 7928 3300, £-££**

■ THE REAL GREEK
Tarama ve lezzetli kuzu kebab gibi Yunanistan'da yiyebileceğiniz gerçek Yunan yemekleri için bu restorana gelin. **2a Southwark Bridge Rd., SE1, 0871 971 3527, ££**

■ SWAN AT THE GLOBE
Acıkmış tiyatro seyircileri bu klasik İngiliz bar ve brasseriesini doldururken, hoş nehir manzarasının da zevkini çıkarabilirler. **21 New Globe Walk, SE1, 020 7928 9444, ££-£££**

Shakespeare's Globe

6 William Shakespeare'in açık hava tiyatrosunun yeniden yapılmış bu harika örneği ziyaretçileri 17. yüzyıla geri götürür. Seyirciler ister koltuklarda ister yerde oturuyor olsunlar Elizabeth döneminin sonlarındaki seyircilerin izlediği oyunların aynılarını izlerler. Sezon Shakespeare'in doğum günü (23 Nisan) ile açılır. Yıl boyunca tur ile gezebilir ve binanın 1990'lı yıllarda nasıl yapıldığını anlatan kalıcı sergiyi dolaşabilirsiniz.

21 New Globe Walk, SE1 • www.shakespearesglobe.com • 020 7902 1400 • Günlük performanslar 23 Nisan – Ekim başları • Metro: London Bridge

Clink Street

7 **St. Mary Overie's Dock** ve Anchor Pub arasında uzanan Clint Street'te ile Francis Drake'in 1577 – 1580 yılları arasında dünyayı dolaştığı gemisi ***The Golden Hinde***'in birebir örneğini görebilirsiniz. Bu dar sokak adını 1150 yılında Bishop of Winchester's Palace'da kurulan İngiltere'nin ilk hapishanesinden almıştır. Sarayın Great Hall bölümünün batı duvarını ve gül penceresini hâlâ sokaktan görebilirsiniz. **The Clink Prison Museum** *(Clink Hapishane Müzesi)* orijinal hapishane alanındadır ve suç ile ceza konularına yakından bir bakış atmanızı sağlar, eski idam bölümü de görülebilir.

Clink St., SE1 • *The Golden Hinde*: www.goldenhinde.com, 020 7403 0123, ££, 24 – 25 Aralık'ta kapalıdır. • The Clink Prison Museum: www.clink.co.uk, 020 7403 0900, ££, 25 Aralık'ta kapalıdır. • Metro: London Bridge

Southwark Cathedral

8 Bu zarif, tarihi bina 1905 yılında katedral olarak yenilenmeden önce, bir Augustin orta çağ manastırının kilisesi olarak hizmet veriyordu. Pek çok ilginç ahşap oymaları arasında arkasına yaslanmış bir şövalyenin 13. yüzyıldan kalma heykeli ile altarın arkasındaki, 1520 yılında kurulmuş olan **Great Screen** vardır. **Harvard Chapel** ziyaretçilere Harvard Üniversitesinin kurucusu olan John Harvard'ın 1607 yılında burada vaftiz edilmiş olduğunu hatırlatır. Koro bölümünde **Humble Monument** tüccar Richard Humble'a adanmıştır ve 1616 yılında Southwark okulundaki taş ustalarından bir grup Flaman mülteci heykeltıraş tarafından oyulmuştur. Kilisenin tiyatro bağlantıları Elizabeth dönemine uzanır ve orta bölümdeki vitraylar (1954) ile heykel (1912) her yıl baharda doğum günü kutlanan Shakespeare'e adanmıştır. Ayrıca 1990'lı yıllarda Globe'un yapılmasındaki itici güç olan Amerikalı aktör ve direktör Sam Wanamaker için de bir anıt bulunur. Katedral popüler bir konser alanıdır ve kilise bahçesi bitişikteki **Borough Market**'ten *(bkz s. 82)* gelen piknikçileri cezbeder.

London Bridge, SE1 • http://cathedral.southwark.anglican.org • 020 7367 6700 • Bağış istenir • Metro: London Bridge

Butler's Wharf

9 **Tower Bridge**'in doğu kısmındaki Shad Thames'de yapacağınız bir tur sizi 19. yüzyıl tuğla depolarından oluşan yenilenmiş bir kanyona ulaştırır. Burada kargoların büyük vinçlerle taşındığını veya demir tekerlekli arabalarla taş kaldırımlı sokaklardan geçirildiğini hayal edebilirsiniz. Butler's Wharf İngiltere'deki en büyük çay deposuna ev sahipliği yapar ve günümüzde çay buradaki özel mağaza ve restoranlarda satılır. Tower Bridge'in gölgesindeki gezinti yerinde açık havada yemek yemenin tadını çıkarın.

Butler's Wharf, SE1 • Metro: London Bridge

Shad Thames'in karşısındaki yüksek geçitler bir zamanlar depolar arasında mal taşımak için kullanılırdı.

Tate Modern

Modern sanatçıların eserleri, güçlerini ulusun 20. yüzyıl sanat koleksiyonu ile birleştiriyor.

Tate Modern, Thames kıyısındaki eski Bankside güç istasyonuna kurulmuştur.

2000 yılında nehir kıyısındaki daha geniş bir yere taşınması Tate'in modern sanat koleksiyonunu sunması için yeni bir yol yaratmıştır. Sürrealizm, abstrakt, ekspresyonist ve pop art gibi 20. yüzyıl başyapıtları birbirlerinden nasıl ilham aldıklarını, sanatçıların birbirlerinin eserlerinden nasıl etkilendiğini ve farklı alanlarda çalışan sonraki sanatçılar üstündeki etkilerini gösterecek şekilde tematik bir biçimde gruplanmıştır. Galeride ayrıca önemli geçici ödünç sergiler de sergilenmektedir.

■ Turbine Hall

Her yıl uluslar arası çapta tanınmış bir sanatçı büyük Turbine Hall'un kurulumu için davet edilir ve girişte ziyaretçileri karşılar. Önceki sanatçılar arasında Louise Bourgeois ve Anish Kapoor vardı, bu yüzden düşündürücü ve olağanüstü bir şeyler bekleyebilirsiniz.

■ Sürrealist Manzaralar

3. katta sürrealizm, Salvador Dali ve René Magritte gibi büyük ustaların eserleri tarafından temsil edilir. Dali'nin "**Mountain Lake**" *(Dağ Gölü)* ve George de Chirico'nun "**The Melancholy of Departure**" *(Ayrılığın Melankolisi)* eserlerini kaçırmayın. Ayrıca yanında Pablo Picasso'nun sürrealizmden etkilenen "**Head of a Women**" *(Kadın Kafası)* eserini bulabilirsiniz.

■ Monet'in Etkisi

Claude Monet'in son tablolarındaki ışık ve atmosfer ruhu bazı abstrakt ekspresyonistleri etkilemiştir. Onun **"Water-Lilies"** *(Nilüferler)* tablosu suya vuran ışığın yarı abstrakt bir çalışmasıdır ve Mark Rothko'nun parlak sarı tonlu **"Untitled circa 1950 – 52"** *(Başlıksız 1950-52 arasında)* eserinin yanında asılıdır. Jackson Pollock'un damla tablosu **"Summertime: Number 9A"** *(Yaz vakti: No.9A)* eseri de yanındadır.

İPUCU

Tate Modern'de mutlaka görülmesi gereken, 7. kattaki restorandan Thames ve şehir manzarasıdır. Eğer yemek siparişi vermek istemezseniz önünüzde uzanan manzaranın tadını çıkarırken bir kahve veya içki içebilirsiniz.

■ Rothko Odası

3. katta ayrıca Mark Rothko tarafından Tate'e bağışlanan bir grup tabloyu görebilirsiniz. Kısık ışıklı ufak bir odada sergilenen eserlerin yanardöner yüzeyleri meditasyona uygun bir atmosfer yaratmaktadır.

■ Ustanın Yüzü

Ekspresyonist başyapıtların arasında André Derain'in cesur fırça darbeleri ve doğal olmayan renkleri kullanarak yaptığı "**Portrait of Henri Matisse**" *(Henri Matisse'nin Portresi)* tablosunu görebilirsiniz.

■ Kübizm

4. katta Pablo Picasso'nun "**Bust of a Woman**"*(Kadın Büstü)* ve Georges Braque'un "**Bottle and Fishes**"*(Şişe ve Balıklar)* eserleri 20. yüzyıl hareketlerinin öncülerine iyi örneklerdir. Kübist kolajlar pop sanat olgusunu etkilemiştir ve Roy Lichtenstein'ın **"Whaam!"** eseri, bunun en ünlü örneğidir.

Bankside, SE1 • www.tate.org.uk/modern • 020 7887 8888 • Büyük kredili sergiler dışında ücretsiz • 24 – 26 Aralık tarihlerinde kapalıdır. • Metro: Southwark veya Mansion House

Shakespeare'in Şehri

16. yüzyılın sonları ve 17. yüzyılın başlarında Londra renkli, gürültülü ve hareketli bir yerdi. Kraldan en mütevazı çırağa kadar Londralılar tantanayı, müziği ve oyunları sadece devlet günlerinde değil, aynı zamanda şehir yetkililerinin sokak ve nehir geçit törenlerini de severlerdi. Tiyatrolar tarafından sunulan yeni eğlence şeklini bu kadar çabuk benimsemeleri pek de şaşırtıcı değildir ve William Shakespeare'in doğal yaratıcılığı ün yapmıştır.

Soutwark Cathedral'deki (üstte) Shakespeare anıtı. Tiyatro müdavimleri dünyanın en sert tahta koltuklarına koymak için getirdikleri kırmızı minderlere (sağda) sarılmışlar.

Hedef Kitle

William Shakespeare 1588 yılında Stratford-upon-Avon'dan Londra'ya geldiğinde, bilerek veya bilmeyerek kariyeri için zekice bir karar almıştı. 200.000'e ulaşan nüfusu ile Londra İngiltere'nin en büyük şehriydi.

Shakespeare Sahneye Çıkıyor

1592'de şair olarak anlaşılmadığı ortaya çıkınca, Londra sahnelerinde bir oyuncu ve oyun yazarı olarak ilk kez söz edilmeye başlandı. Londra'nın ilk tiyatrosu olan The Theatre in Shoreditch'de bulunan bir aktörler şirketi olan Chamberlain's Men'in bir üyesiydi. Yedi yıl sonra nehrin karşı yakasındaki yeni Globe'a taşındılar.

Globe, en büyük Elizabeth dönemi tiyatrolarından birine dönüştü ve 3.000 izleyici kapasitesine ulaştı. Açık yapısı yüzünden sadece yaz aylarında hizmet verdi ve aktörler kışın Blackfriars tiyatrosunun kapalı mekânına geçtiler. Son oyunlar trompet çalarak bildirilir, seyirciler bir kutu içinde toplanan birkaç kuruş öderdi. Modern Box Office terimi de buradan gelmektedir. Seyirciler ya yer seviyesinde oturur ya da sahnenin etrafına dizilmiş olan sıralı koltuklarda otururlardı. Aktörler ya gürültülü bir şekilde teşvik edilir, ya da yuhalanırdı ve akrobatlar ile hokkabazlar sahne aralarında halkı eğlendirirdi.

Yazım ve prodüksiyon aşamaları hummalıydı ve çeşitli oyunlarla Shakespeare şiirsel komediler, esrarlı trajediler ve Roma oyunları sunardı. Chamberlain's Men için yaptığı eserler arasında *VI. Henry*'nin üç bölümü ve *III. Richard* vardır. Oyuncular Kraliçe I. Elizabeth ve sonraları Kral I. James için King's Men (Kralın Adamları) adı altında sık sık oyun sergilerlerdi. 1613 yılından sonra hiçbir Shakespeare oyunu sahneye alınmadı ve kendisi 1616 yılında Stratford'da öldü.

MODERN **GLOBE TİYATROSU**

Shakespeare'ın Globe'u 1644 yılında, İngiliz Sivil Savaşı sırasında aşırı dinciler tarafından imha edildi. Neredeyse 350 yıl sonra Amerikalı aktör ve film yönetmeni Sam Wanamaker Globe'un yeniden yapılması için harekete geçti. Üstü açık tiyatro orijinaline yakın bir yere inşa edildi. İçeride ahşap galeriler, platform sahne ve seyircinin oyunu izlemek için durduğu dairesel bir çukur vardır (bkz s. 76).

Yemek Pazarları

Londra'nın yakın zamanda yemek başkenti olarak yükselmesi, yemek yemek ve yiyecek alışverişini neredeyse bir rekabet sporu hâline getirdi. Borough Market Londra'nın önde gelen gıda alışveriş pazarıdır ama organik gıdalar ve çiftçi pazarları şehrin diğer bölgelerinde de bulunabilir.

■ Borough Market

Bu South Bank pazarında 130'dan fazla tezgâh organik, yerel ve zanaatkâr ürünleri satarlar. Her birinde çikolata, ev yapımı salam ve çiğ süt peynirleri gibi ürünleri satan tüccarlar ürünleri hakkında neredeyse şiirsellerdir. Tezgâhtan tezgâha dolaşırken ağzınızı sulandıran kokuları içinize çekin, ızgara İsveç peynirinin haşlanmış patates ve salatalık turşusu ile karışımının tadına bakın. Veya pek çok pastanenin birinden üst üste yığılmış bezelerden birini seçin. **The Ginger Pig**'deki kasaplar harika etlerini nasıl pişirmeniz gerektiği konusunda nasihatler verirler ve sebze meyve reyonları domates gibi ürünlerin oluşturduğu renkli tepeler ile doludur. Dinlenmek için lezzetli et dolu yumuşak dürümler satan **Maria's Market Cafe**'de mola verebilirsiniz.

Stoney St., SE1 • www.boroughmarket.org.uk • 020 7407 1002 • Pazar – Çarşamba günlerinde kapalıdır. • Metro: London Bridge

■ Borough Çevresinde

Pazarın karşısındaki **Neal's Yard Dairy**'e *(6 Park St., SE1)* uğrayarak İngiltere'nin en iyi çiftlik peynirlerini deneyebilirsiniz. Buranın duvarlarında sırlar hâlinde beze sarılı cheddar peynirleri asılıdır. Yanda özenle seçilmiş kahveleri, kekler ve hamur işleri ile birlikte servis eden **Monmouth Coffee** *(2 Park St., SE1)* bulunur. İspanyol peyniri ve etleri konusunda eşsiz bir seçim kalitesine sahip olan **Brindisa**'nın *(18 – 20 Southwark St., SE1)* chorizo salamlı sandviçinin kokusu dışarıdaki mangalından size ulaşır.

■ Whitecross Street Market

Londra'nın en eski pazarlarından biri olan bu Islington, kuruluşu 17. yüzyıldan beri hizmet vermektedir. Yerel ve bölgesel ürünler konusunda uzmanlaşmış pazar, bir lezzet keyfi sunar. Hafta boyunca bulabileceğiniz sebze ve meyve tezgâhlarının yanı sıra, Perşembe ve Cuma günleri

Borough Market'te İngiltere'nin her yanından gelmiş uzman peynir yapıcıları bulabilirsiniz.

yerel peynir, ekmek, kek, hamur işi, turşu ve konserve ürünlerini satan uzmanlar bulabilirsiniz. Öğlenleri ofislerde çalışan ve acıkmış olanlar için bu pazarda dünyanın her yanındaki kültürlere ait lezzetleri sokak tezgâhlarında bulabilirsiniz.

Whitecross St., EC1 • www.whitecrossstreet.co.uk • 020 7527 1761 • Cumartesi ve Pazar günleri kapalıdır. • Metro: Old Street, Barbican veya Moorgate

■ Pimlico Road Farmers Market

Görece olarak yeni kurulmuş olsa da, Chelsea'deki Pimlico Road Farmers Market en iyi mevsimlik organik meyve ve sebzeler, süt ürünleri, et, kümes hayvanları ve konserveler sunma konusunda gittikçe artan bir hızla ünlenmektedir ve ürünlerin hepsi yerel çiftçi ve üreticilerden alınmaktadır. Doğu Anglian kıyısında yeni yakalanmış pek çok taze deniz mahsulü ile buna sezonunda Essex midyeleri de dâhil pek çok ürünü alabilirsiniz. Sıcak yemek tezgâhı az bulunduğundan, pazar boyunca dolaşıp sonra Bourne Street'ten kısa bir yürüyüş mesafesindeki Sloane Square'deki (bkz s. 148) moda restoranlarda yemek yiyebilirsiniz.

Intersection of Ebury St. ve Pimlico Rd., SW1 • www.lfm.org.uk • 020 7833 0338 • Cumartesi sabahları açıktır. • Metro: Sloane Square

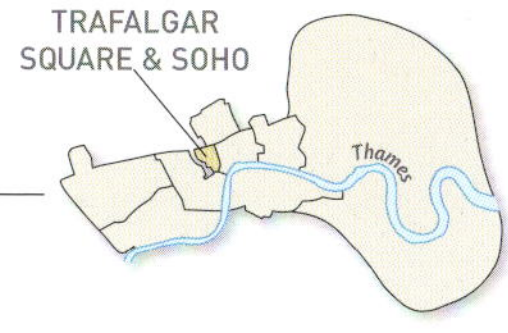

Trafalgar Square & Soho

Amiral Lord Nelson yüksek kolonun tepesinden aşağıda, farklı yönlere doğru koşturan insanlara, çeşmelere ve meydanın kuzeyindeki National Gallery'nin girişine bakar. Yolun karşısındaki St. Martin-in-the-Fields kilisesi mum ışığındaki konserler için harika bir atmosfer sunar. Leicester Square, son filmleri görmek veya yarı fiyatına bir tiyatro bileti bulmak için ideal yerdir. Leicester Square ile Shaftesbury Avenue'daki tiyatroların arasına sıkıştırılmış olan Chinatown bölgesi, Asya restoranları ile doludur ve Avrupalı göçmenler Soho'ya Avrupa havası getirmişlerdir, buradaki kulüplerden yayılan jazz müziği sokaklara dökülür. Tüm bu gidilecek yerler birbirine oldukça yakındır.

◀ 1840'lı yıllarda mimar Sir Charles Barry tarafından tasarlanan Trafalgar Square eskiden kraliyet atlarının tutulduğu yerdi.

Trafalgar Square & Soho

Tiyatrolar, sinemalar ve restoranlar ile dolu olan West End'i gezin ve şehrin sunduğu tüm heyecanı hissedin.

8 Chinatown (bkz. s. 91) Restoranlar, yemek marketleri ve tezgâhları ile dolu olan, şehrin en renkli ve canlı bölgesini gezin. Sonra tekrar Shaftesbury Avenue'ya dönün ve Frith Street'ten Soho Square'e ilerleyin.

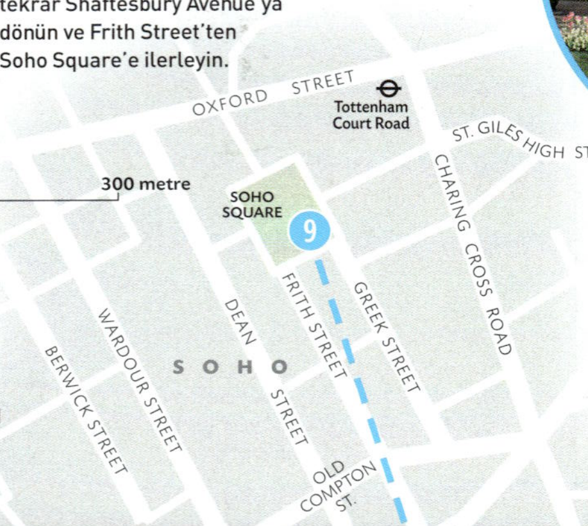

7 Shaftesbury Avenue (bkz. s. 90–91) Kırmızı kadife ve altın meleklerle bezeli locaların göğe yükseldiği geleneksel tiyatrolar ile dolu olan bu caddeyi gezin. Sonra Wardour Street'ten güneye ve Gerrard Street'ten doğuya dönün.

9 Soho Square (bkz. s. 91) Yazın açık hava konserleri ve piknik için ideal bir yer olan meydanın bahçesi Frith ve Greek Streets bölgesindeki restoranlara yakındır. Film şirketleri ve reklam ajansları meydanın etrafında çevrelenmiştir.

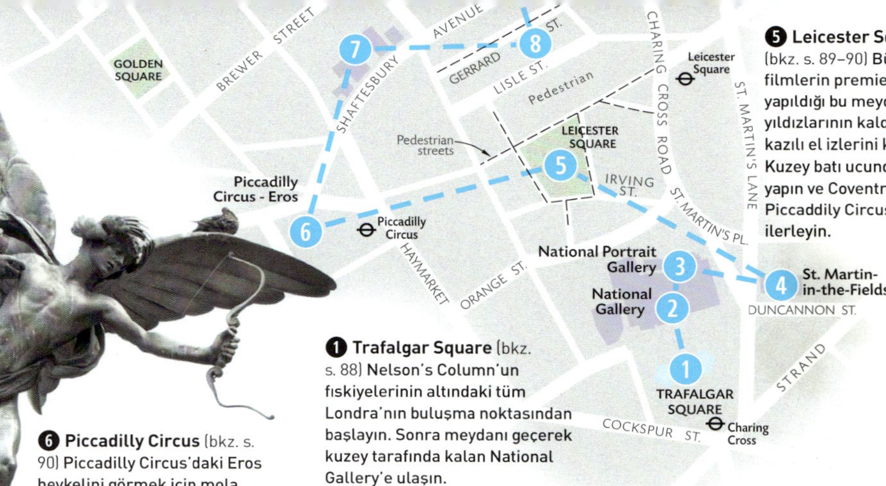

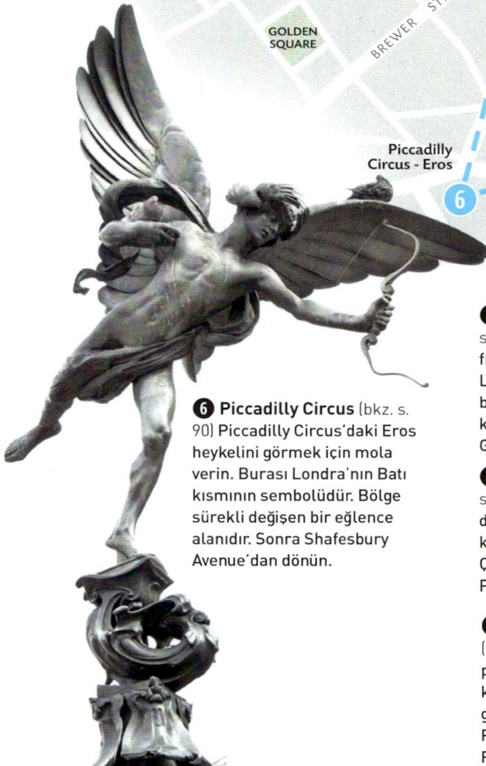

❺ Leicester Square (bkz. s. 89–90) Büyük filmlerin premierlerinin yapıldığı bu meydanda film yıldızlarının kaldırıma kazılı el izlerini kaçırmayın. Kuzey batı ucundan çıkış yapın ve Coventry Street'ten Piccadilly Circus'a doğru ilerleyin.

❶ Trafalgar Square (bkz. s. 88) Nelson's Column'un fıskiyelerinin altındaki tüm Londra'nın buluşma noktasından başlayın. Sonra meydanı geçerek kuzey tarafında kalan National Gallery'e ulaşın.

❷ National Gallery (bkz. s. 92–93) Batı Avrupa sanatının dünya çapındaki en önemli koleksiyonlarından birini görün. Çıkışta sola dönün ve St. Martin's Place'in etrafında dolaşın.

❸ National Portrait Gallery (bkz. s. 88) Krallar ve kraliçelerden politikacı ve pop yıldızlarına kadar burada tüm tanıdık yüzleri görebilirsiniz. Sonra St. Martin's Place'i geçerek St. Martin-in-the-Fields'e ulaşın.

❹ St. Martin-in-the-Fields (bkz. s. 89) Bu 18. yüzyıl kilisesine girdiğinizde bir konser izleyebilir veya cafede bir şeyler atıştırabilirsiniz. Ayrılırken St. Martin's Place'den kuzeye ilerleyin ve sola Irving Street'e dönün.

❻ Piccadilly Circus (bkz. s. 90) Piccadilly Circus'daki Eros heykelini görmek için mola verin. Burası Londra'nın Batı kısmının sembolüdür. Bölge sürekli değişen bir eğlence alanıdır. Sonra Shafesbury Avenue'dan dönün.

TRAFALGAR SQUARE & SOHO - MESAFE: 3,2 KİLOMETRE
SÜRE: TAHMİNEN 6 – 8 SAAT METRO BAŞLANGICI: CHARING CROSS

Trafalgar Square

1 Amiral Horatio Lord Nelson 1805 yılında İspanya'nın güneybatısındaki Cape Trafalgar'da Napolyon Bonaparte'nin birleşik İspanyol ve Fransız kuvvetleri ile yaptığı savaşdan zaferle ayrıldı. Bu zafer tüm Londralılar için eğlenceli bir yer olan meydanda yaşar ve burası sık sık rallilere, gösterilere, festival ve konserlere ev sahipliği yapar. William Railton tarafından tasarlanan **Nelson's Column** 1843 yılında dikildi. Viktorya dönemi sanatçısı Sir Edwin Landseer'in yaptığı dört aslan, kolonu korumaktadır ve ele geçirilmiş bir toptan elde edilen bronzla yapılmış olan frizler Nelson'ın denizde gösterdiği başarıları anar. Meydanın kuzeybatı ucundaki **Fourth Plinth** modern sanat eserlerinden oluşan geçici sergiler sunar.

Charind Cross Rd. ve Strand kesişiminde • www.london.gov.uk/trafalgarsquare • Metro: Charing Cross veya Embankment

BUNU **BİLİYOR MUYDUNUZ?**

Nelson's Column 52 metre yüksekliğindedir ve kahramanı temsil eden bölümü 5,5 metredir. Heykelin koyulduğu kolon o kadar geniştir ki ilk dikildiğinde üzerine konan bir masada tam 14 taş ustasının oturup yemek yediği söylenir.

National Gallery

2 Bkz. s. 92 – 93

Trafalgar Sq., WC2 • www.nationalgallery.org.uk • 020 7747 2885 • Geçici sergiler: £££ • 1 Ocak ve 24 – 26 Aralık tarihlerinde kapalıdır. • Metro: Charing Cross veya Leicester Square

National Portrait Gallery

3 Hayattaki ünlüler ve İngiliz tarihinden kahramanlar, politikacılar, sporcular ve sanatçılar National Portrait Gallery'nin devamlı büyüyen sergisinde görülebilir. Tudor koleksiyonunun yıldızı, Marcus Gheeraerts tarafından yapılan zengin görünüşlü Kraliçe I. Elizabeth tablosunu kaçırmayın. Ayrıca oyun yazarı William Shakespeare'in bilinen tek modern portresi de buradadır. Zemin katta 21. yüzyıl figürlerinden seçkiler görebilirsiniz.

St. Martin's Pl., WC2 • www.npg.org.uk • 020 7306 0055 • Geçici sergiler: £££ • 24 – 26 Aralık tarihlerinde kapalıdır. • Metro: Charing Cross veya Leicester Square

Solda National Gallery, merkezde Trafalgar Square'e bakan St. Martin-in-the-Fields'i görebilirsiniz.

St. Martin-in-the-Fields

4 Eğer 1726 yılında James Gibbs tarafından yapılan bu kraliyet kilisesi size tanıdık geliyorsa, bunun nedeni pek çok kopyasının yapılmasıdır, özellikle de New England'da. Kolonlu girişin üstündeki kraliyet arması buranın Buckingham Palace cemaatinin kilisesi olduğunu gösterir. İçeri girdiğinizde solunuzda kraliyet bölümünü görebilirsiniz. Müziği ile tanınan kilisede düzenli konserler verilir. **Café in the Crypt'da** (bkz. s. 90) Çarşambaları jazz geceleri yapılmaktadır.

Trafalgar Sq., WC2 • www.stmartin-in-the-fields.org. • 020 7766 1100 • Pazartesi – Cuma arası 13.00 – 14.00 arasında ve Pazar günleri ibadet ve konserler haricinde kapalıdır. • Metro: Charing Cross

Leicester Square

5 Film premierleri için buradan dışarıya kadar serilen kırmızı halıları görebilirsiniz. Meydan uzun zamandır eğlence alanı

olmuştur, kuzey bölümdeki **Empire** bir zamanlar Viktorya dönemi müzik salonuydu. Şimdilerde birkaç sinema salonu ve **MTV'nin İngiltere stüdyosuna** sahiptir. Film yıldızlarının limuzinleri hariç burası yayalara özel bir bölgedir ve kaldırımda Clint Eastwood, Helena Bonham Carter ve diğerlerinin el izleri görülebilir. William Shakespeare ve Charlie Chaplin'in heykelleri bahçeleri süsler. Yarı fiyat bilet kulübesi **tkts** *(www.tkts.co.uk)* tiyatro koltukları için bilet satar.

Coventry St, W1 ile Cranbourn St., WC2 arasında • Metro: Leicester Square veya Piccadilly Circus

Piccadilly Circus

6 1893 yılında Piccadilly'deki Leicester Square'in birkaç adım batısına dikilen **Eros** heykeli, West End'in tiyatro bölgesinin merkezini işaretler. Bu zamansız heykelin çevresinde sürekli değişen eğlence mekânları gelip geçicidirler. Eski London Pavilion müzik salonu ve komşusu Palace of Varieties günümüzde **Trocadero** adlı alışveriş ve eğlence merkezine dönüştürülmüştür. Diğer mekânlar hâlâ aynıdır; **Criterion Theatre** *(2 Jermyn St., W1, 0844 847 1778)* yer altındaki aynı yerdedir ve harika dekorasyonlu Criterion bar ve restoranı *(224 Piccadilly, W1, 020 7930 0488, ££££)* görsel bir ziyafettir. Piccadilly'nin neon Coca-Cola tabelası 1955 yılından beri Circus'un karşısında parlamaktadır.

Piccadilly ve Regent St, W1 kesişiminde • Metro: Piccadilly Circus

YEMEK YENECEK EN İYİ YERLER

■ **CAFÉ IN THE CRYPT**
St. Martin-in-the-Fields'ın altındaki Londralıların favorisi sıcak ve soğuk yemekler servis eder. Ekmek ve tereyağlı pudingi kremalı kaplaması ile buranın spesiyalitesidir. **Trafalgar Sq., WC2, 020 7766 1158, £**

■ **PATISSERIE VALERIE**
Uzun süredir burada olan cafede kek yapımı bir sanata dönüşmüştür. Ayrıca omlet, quiche ve atıştırmalıklar da bulabilirsiniz. **44 Old Compton St., W1, 020 7437 3466, ££**

■ **PORTRAIT BAR AND RESTAURANT**
National Portrait Gallery'nin en üstündeki bu cafede Trafalgar Square'in kuş bakışı manzarasının yanı sıra kahvaltı, öğle yemeği veya çay içebilirsiniz. **St. Martin's Pl., WC2, 020 7312 2490, ££££**

Shaftesbury Avenue

7 Hayırsever Anthony Lord Shaftesbury 1880'li yıllarda kuzeydoğuda Piccadilly Circus'a kadar uzanan Shaftesbury Avenue'yu yaratmak için gecekondu mahallesini temizlemiştir. Pek çok West End tiyatrosu burada toplanmıştır. Hepsi Edward döneminin azametini taşır, bu yüzden giriş salonlarına bir göz atın. **The Lyric** *(No. 29)* 1888'de yapılmıştır ve en eski binadır. **Apollo** *(bkz. s. 31)* Londra'daki en büyük galeriye ev sahipliği yapar. 1911 yılından kalma 1.400 seyirci kapasiteli iki dev, **Palace Theatre** *(No. 109)* ve **Shaftesbury** *(No. 210)* buradadır. Royal English Opera House olarak inşa edilen saray uzun süredir müzikaller ile popülerdir; *Les Misérables* 18 yıl burada sergilendi, oysa Shaftesbury 1960'lı yılların klasiği Hair ile inliyordu.

www.londontheatredirect.com • Metro: Piccadilly Circus, Leicester Square veya Tottenham Court Road

Chinatown

8 Pazar günleri, St. Martin-in-the-Fields (bkz. s. 89) yerel Çin nüfusu işin Kanton ve Mandarin dilinde vaaz sunar. Kırmızı ve altın rengi geçitler Shaftesbury Avenue'nun güney kısmındaki Gerrard Street merkezli yayalaştırılmış sokaklara açılır. Yetmişten fazla restoran Kanton, Szechuan, Japon, Tai ve Malezya yemekleri ve daha geniş bir yelpaze sunar. Jen Cafe'de *(4 – 8 Newport PL, WC2, ££)* özel bir çay içebilir ve Çin mantısının yapılışını izleyebilirsiniz. Her zaman canlı bir yer olan Chinatown Çin Yeni Yılında (Ocak sonu veya Şubat başı) heyecan ve eğlence doludur.

Shaftesbury Ave. ve Whitecomb St., W1 kesişiminde • www.chinatownlondon.org • Metro: Leicester Square, Piccadilly Circus veya Tottenham Court Road

Gerrard Street'e ve çevresine kümelenmiş elliden fazla mağaza Londra'nın Çin halkının ihtiyaçlarını karşılar.

Soho Square

9 İşçiler ve alışveriş meraklıları Soho Square bölgesindeki, yazın ücretsiz konserler veren ve festivaller düzenleyen bahçeye çekilirler. Kral II. Charles II'ın heykeli meydanın bir zamanlar King's Square olarak tanındığını ve şehirdeki en moda adres olduğunu hatırlatır. Bugün İngiltere film endüstrisinin kalbindedir.

Greek St. ile Sutton Row, W1 kesişiminde • Metro: Tottenham Court Road

National Gallery

1824 yılında kurulan ve Batı Avrupa'dan gelen ulusal koleksiyona ev sahipliği yapan galeride büyük ustaların zengin ve çok çeşitli bir koleksiyonu vardır.

National Gallery'nin koleksiyonunda 2.300'den fazla sanat eseri vardır.

National Gallery dünyanın en büyük sanat koleksiyonlarından birine ev sahipliği yapar ve Batı Avrupa sanatının gelişimini 13. yüzyılın başlarından, 20. yüzyıla kadar takip eder. Koleksiyon kronolojik olarak sıralanmıştır ve Sainsbury Kanadındaki erken Rönesans galerileri ile başlayarak ana binadaki 16. ve 19. yüzyıl büyük ustaların eserleri ile devam eder ve Postempresyonist eserler ile sona erer. Daimi koleksiyona ücretsiz giriş imkânı galerinin temel ilkesi olan "herkes için sanat" anlayışına uygundur.

■ EN SEVİLEN MANZARALAR

Koleksiyonun en eski parçalarının bulunduğu galerinin en yeni kısmı olan, Sainsbury Kanadından başlayın. Rönesans döneminin başlarında (13. ve 15. yüzyıllar) çoğu tabloda dini konular resmedilmiş ama portreler ve tarihi manzaralar da oldukça popülerdir. Van Eyck'den **The Arnolfini Portrait** (Oda 56) yağlı boyanın erken dönemde yapılan ileri gelen eserlerinden biri ile Piero'nun bir Tuscan arazisinde yer alan **Baptism of Christ** (Oda 66) tablosu da görülebilir.

■ KARİKATÜRLER VE GİZEMLER

Rönesans hikâyesinin başladığı ana binadaki West Wing boyunca yürüyün. En sevilen eserler arasında Leonardo da Vinci'nin **Virgin and Child** eserinin (Oda 51) karikatür çizimleri vardır. Eğer gizemlerden hoşlanıyorsanız, Hans Holbein'in **"The Ambassadors"** (Oda C) tablosuna bakın. İki genç erkeğin portresindeki biçimsiz kurukafanın anlamıyla ilgili pek çok tartışma vardır.

■ MAHKEMEDEN ÜLKEYE

North Wing'deki odalar 17. yüzyıl Hollandalı ve Fransız sanatçıları tanıtır. Bunların arasında en ilgi çeken eserlerden biri Londralı mahkeme ressamı Anthony van Dyck'in **"Equestrian Portrait of Charles I"** (Oda 31) tablosudur.

19. yüzyıl İngiliz tabloları için East Wing'deki Oda 34'ü kaçırmayın. Başyapıtlar arasında John Constable'ın manzara resmi **"The Hay Wain"** ve J. M. W. Turner'ın ruhani **"Rain, Steam and Spead"** eserleri vardır.

■ EMPRESYONİSM & POSTEMPRESYONİSM

Empresyonistler arasında Claude Monet'in 1869 yapımı **Bathers at La Grenouillère** (Oda 43) eserini kaçırmayın. Postempresyonist Paul Cezanne'ın **"Bathers"** tablosu Oda 45'de asılıdır. Aynı oda da Vincent van Gogh'dan **"Chair," "Sunflowers"** ve **"A Wheatfield, with Cypresses"** eserlerini görebilirsiniz.

İPUCU

Gallerinin düzenlediği rehberli turlar, konuşmalar, konserler ve aile etkinlikleri gibi organizasyonları kontrol edin. Koleksiyondan seçilen her ay farklı bir tablo, her gün yapılan on dakikalık ücretsiz konuşmanın odak noktası olur. Cuma akşamları kapılar 21.00'e kadar açık kalır ve canlı müzik eşliğinde odaları gezebilirsiniz.

Trafalgar Sq., WC2 • www.nationalgallery.org.uk • 020 7747 2885 • Geçici sergiler: £££ • 1 Ocak ve 24 – 26 Aralık tarihlerinde kapalıdır. • Metro: Charing Cross, Leicester Square veya Embankment

Pub Kültürü

Günümüz barlarının öncüleri, hanlar, tavernalar ve birahaneler yüzlerce yıldır Londra manzarasının bir parçasıdır. Açılımı "public house" olan publardan birini antika dış görünüşü ve sanatsal tabelası ile kolayca tanıyabilirsiniz. Burada uzun zaman önce yolcular hafif yemek ile içki içer, çalışanlar işçiler mola verir ve arkadaşları ile birlikte eğlenmeye gelirdi. Barların geleneksel sert bir içkisi olan "pint of bitter" (acı bir bira) sipariş edin veya sayısız diğer içeceklerden birini seçebilirsiniz.

Ye Olde Cheshire Cheese (üstte) gibi pek çok eski pub'ın küçük ve keyifli barları vardır. Buralarda büyük soğutulmuş bira bardağında Alman birası olan pint of chilled lager(sağda) içebilirsiniz.

Keşişler & Ortaçağ Hanları

Pub'ın kökeni orta çağ Londrasındaki hanlar, tavernalar ve birahanelerdir. Bunların arasında Southwark'daki Tabard Inn edebiyatta ölümsüzleştirilmiştir. Burada 14. yüzyıl şairi Geoffrey Chaucer'ın hacıları, *The Canterbury Tales*'in başında toplanmışlardır. Pek çok yerde olduğu gibi, Manastır dernekleri vardı. Kurucusu bir başrahipti ve burayı kendisi ile diğer keşişler için başkente geldiklerinde kalacak bir yer olması amacıyla açmıştı. Hâlâ yakın komşusu arnavut kaldırımlı, ahşap galerili ve tek orijinal şerefeli **The George**'da *(77 Borough High St., SE1, 020 7407 2056)*, yorgunluk atıp, ferahlayabilirsiniz.

Evde Demleme

Orta çağ zamanlarında Tabard ve George gibi hanlar varlıklı yolcular için yemek, içki ve yatak sağlardı. Tavernalar yemeğin yanında şarap sağlarken, birahaneler daha yoksul insanlara basit yemekler ve bira sunardı. Pek çok birahane, aileleri için şehir suyundan daha güvenli olan bira yapan kadınlar tarafından işletilirdi. 1500 yılında biranın daha uzun süre dayanmasını sağlayan keskin aromalı şerbetçiotu Almanya'dan İngiltere'ye getirildi. Bununla birlikte gelen özel biralardan sonra birahaneler daha sofistike yerlere dönüştüler.

Gösterişli Dekor

17. yüzyılda Londralılar ucuz cin tadına ilgi göstermeye başlayınca, 19. yüzyıla gelindiğinde bu içki "cin saraylarında" servis edilmeye başlandı. Bu gelişme Londra işçi sınıfına daha önce hiç görmedikleri bir lüksü getirdi: Camlı pencereler, aynalar ve gazlı lamba. Publar (birahaneler ve hanlar bu şekilde bilinmeye başlandı) yeni gelişmeleri de beraberinde getirdi ve 1872 yılında **Princess Louise** *(208 High Holborn, WC1, 020 7405 8816)* açıldı. 19. yüzyıl sonlarında pub yapımı bir patlama getirdi: Bölge kilisesi ve pubı olmayan hiçbir banliyö semti tamamlanmış sayılmadı.

HERŞEY **İSİMDE BİTER**

Pub isimleri genelde bir hikâye anlatır. 1700'lü yıllarda gazi askerleri pub bekçisi olarak çalışmaları için barlara yerleştiren Granby Markizinden adını alan pek çok pub bulunur. Crossed Keys adlı publar bu isimlerini efsaneye göre cennetin anahtarlarını elinde tutan St. Peter'dan alırlar. Red Lions publarıı hanedan sembolü kırmızı aslan olan İskoçya'dan alır ve İskoç Kralı VI. James'in İngiltere'nin I. James'i olarak taç giyişine kadar uzanır.

Gurme Yemekler

Londra'da iyi yemek seçenekleri arasında eksiklik yoktur. Şehirde 53 adet Michelin Yıldızlı restoran vardır. Ziyaret eden yemek severler harika mutfaklarda yaratılan ünlü şeflerin ve ödüllü yardımcılarının lezzetli yemeklerinin tadına bakabilirler. Modern İngiliz, gurme Fransız, hafif İtalyan seçim sizin.

Soho

Bir zamanlar Londra'nın kileri denen Soho, şehrin gurme restoranlarının doğum yeridir ve hâlâ bazı orijinal restoranların evidir. **Quo Vadis** *(26 – 29 Dean St., W1, 020 437 9585, ££ - ££££)* 1926 yılında açılmıştır ve zarif odalarında modern İngiliz mutfağı yemekleri sunar. Ünlülere rastlama şansınızı arttırmak için 1917 yılında Covent Garden'da kurulmuş olan **The Ivy** *(1 – 5 West St., W1, 020 3145 1000, ££ - ££££)* Edward dönemi et lokantası menüsünün güncellenmiş yemeklerini sunar. **Bob Bob Ricard** *(1 Upper James St., W1, 020 3145 1000, £££ - ££££)* her masadaki "Şampanya için basınız" düğmesi ile yüksek kalite yemek fırsatı sunar.

İlham Kaynağı

Londra'nın en etkili restoranları Mayfair'de, 1967 yılında Roux ailesi tarafından açılmıştır. İngiltere'nin ilk üç Michelin yıldızlı (sonra ikiye düşürülmüştür) restoranı **Le Gavroche**'dır *(43 Upper Brook St., W1, 020 7408 0881, £££££)*. Marco Pierre White ve Gordon Ramsay gibi şefler burada kendi parlak kariyerlerini yapmadan önce, çalışmışlardı. 1980'li yıllarda Fulham'ın **River Café**'si *(Thames Wharf, Rainville Rd., W6, 020 7386 4200, £££££)* ve Chelsea'nin **Bibendum**'u *(Michelin House, 81 Fulham Rd., SW3, 020 7581 5817, £££££)* Londralılara aydınlık ve modern Italyan ve Fransız mutfağını tanıtmışlardır ve hâlâ popülerdirler.

Lüks Otel Yemekleri

Son yıllarda Londra otellerinde lüks gurme yemekler konusunda parlak bir dönem yaşanmıştır. Listelerin en başını üç aylık bekleme listeli Heston Blumenthal'ın Harrods yakınlarında ki Mandarin Oriental'da bulunan **Dinner**'ı *(66 Knightsbridge, SW1, 020 7201 3833)* çeker. Ünlü şefin yemek

Fulham'da, Thames'in kıyısındaki River Cafe'de sunulan İtalyan menüsü günde iki kez değişir.

pişirme konusuna eşsiz yaklaşımları arasında Powdered Duck (tuzda ördek) (1670 civarında ortaya çıkmıştır) gibi tarihi yemeklerin modern yorumları vardır. Harika Fransız yemekleri için Mayfair'e gidin ve **Helene Darroze at the Connaught** *(Carlos Pl., W1, 020 7107 8880, £££££)*, Dorchester'da ki **Ducasse**'deki *(Park Lane, W1, 020 7629 8866, £££££)* veya Berkeley'deki **Koffmans**'ı *(Winston Pl., SW1, 020 7235 1010, £££ - £££££)* ziyaret edin. Bunların hepsi İngiliz kanalı çevresinden mevsimsel yemekler sunar. Mayfair'deki **Gordon Ramsay at Claridge's** *(Brook St., W1, 020 7499 0099, £££££)* daha geniş bir Avrupa menüsü sunar.

■ Yeni Nesil

Daha az resmi bir yemek için şehrin büyük restoranlarında eğitim görmüş genç şeflerin işlettiği restoranları deneyin. Anna Hansen, Clerkenwell'deki **The Modern Pantry'i** *(48 St. John's Sq., EC1, 020 7553 9210, ££££)* işletir ve Doğu Batı ile buluşuyor temasında yemekler sunar. Soho'da Anthony Demetre'nin **Arbutus**'u *(63 – 64 Frinth St., W1, 020 7734 4545, ££ - £££)* modern Avrupa yemekleri ile pek çok ödül kazanmıştır.

180
COVENT GARDEN
1830
2010
UNDERGROUND
COVENT GARDEN
RESTAURANT
CRUSTING PIPE
WINE BAR
EXIT
yoghurt.co

Covent Garden'dan Ludgate Hill'e

Thames'in kuzey kıyısı, Trafalgar Square ve St. Paul's Cathedral arasındaki Ludgate Hill zengin bira geçmişi olan sokak ve cadde labirentine sahiptir. Sokak performansçıları ve her gün buraya doluşan insan kalabalığı ile buranın bir zamanlar Westminster Abbey'deki rahiplerin sakin manastır bahçesi olduğunu düşünmek zordur. Kral 8. Henry'nin 1530'lu yıllarda el koyduğu ve tasfiye ettiği manastırların dağılmasından sonra Covent Garden şık bir yerleşim bölgesi olmuştur. Viktorya dönemine gelindiğinde burası hızla gelişen bir pazardı ve alanı çevreleyen yer Londra'nın tiyatro bölgesinin merkezi, yazarların takılma mekânı ve İngiltere hukuk sisteminin kalbiydi. Günümüzde bölge iyi yemek ve eğlence fırsatları ile dikkat çekmektedir.

◀ **Covent Garden'daki pazar, harika bir dinlenme, canlanma ve alışveriş imkânı sunar.**

Covent Garden'dan Ludgate Hill'e

Bu geniş caddelerde ve dar geçitlerde opera ve sokak performansları, İngiltere hukuk sistemi ile omuz omuzadır.

❶ Covent Garden (bkz. s. 102) Harika restoranlar ve eğlence imkânları bu eski meyve, sebze ve çiçek pazarının yeni yüzüdür. Piazza'nın batı kısmına doğru yürüyün.

❷ St. Paul's Covent Garden (bkz. s. 102) "Actor's Church" dini ayinler ile çok çeşitli canlı eğlenceler sunar ve arkada harika bir bahçesi vardır. Piazza'dan çıkmak için kuzey tarafını (James Street) kullanın, Floral Street'ten sağa dönün ve bir blok yürüyün.

❸ Royal Opera House (bkz. s. 102–103) İngiltere'nin önde gelen opera ve bale gruplarının evi olan tiyatro, 300 yıllık bir performans tarihine sahiptir. Bow Street'ten iki blok aşağıya yürüyün ve Tavistock Street'ten sağa dönün.

❹ London Transport Museum (bkz. s. 103) Dünyanın ilk metro sistemini, şehrin hava saldırısı boyunca nasıl hareket halinde kaldığını ve Londra ulaşım tarihi ile ilgili diğer ilginç şeyleri öğrenin. Burleigh Street'ten iki sokak aşağıya yürüyün ve Strand'dan sola dönün.

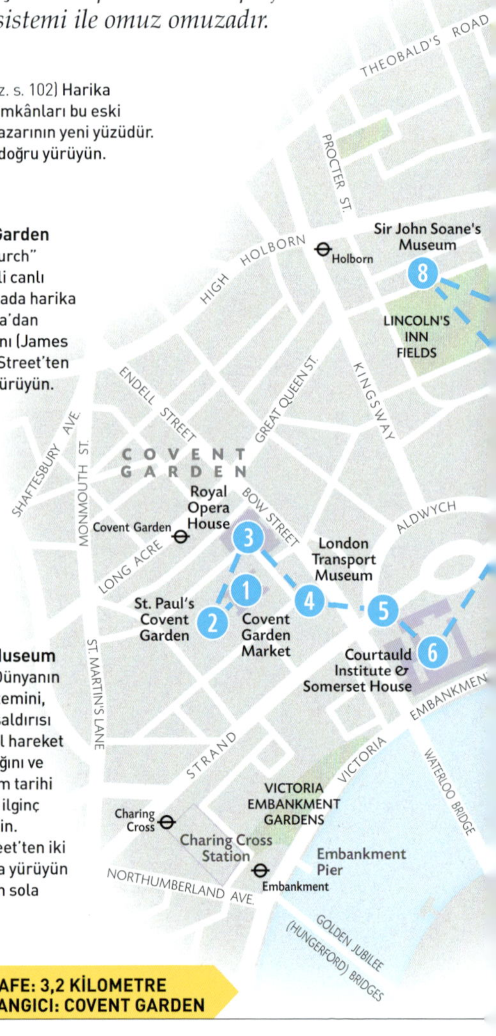

COVENT GARDEN TO LUDGATE HILL – MESAFE: 3,2 KİLOMETRE
SÜRE: TAHMİNEN 6 – 8 SAAT METRO BAŞLANGICI: COVENT GARDEN

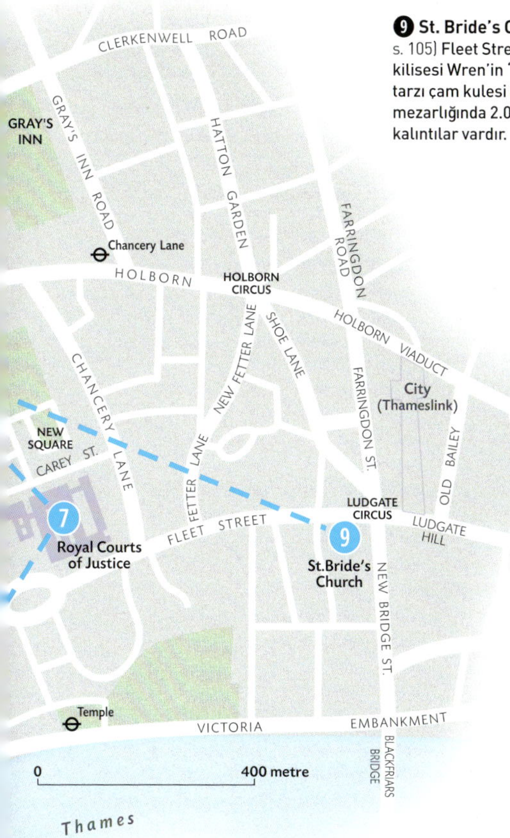

❾ St. Bride's Church (bkz. s. 105) Fleet Street'in koruyucu kilisesi Wren'in "düğün pastası" tarzı çam kulesi özelliğini taşır ve mezarlığında 2.000 yıllık arkeolojik kalıntılar vardır.

❽ Sir John Soane's Museum (bkz. s. 104–105) British Museum'un ufak modeli olan bu yapı bir zamanlar eksantrik mimar John Soane'in ve muhteşem koleksiyonunun eviydi. Adımlarınızı takip ederek Royal Courts'un önüne çıkın ve Fleet Street'ten sola dönün.

❼ Royal Courts of Justice (bkz. s. 104) Londra'nın hukuk kartalları bu Gotik harikasında uçar ve yapının kendisi de içinde uygulanan kanunlar kadar karmaşıktır. Önce Bell Yard'ı, sonra Carey'i takip edin, Serle Street boyunca R.C.J'nin arkasındaki Lincoln's Inn Fields'e gidin.

❺ The Strand (bkz. s. 103–104) Thames'in kuzey kıyısındaki bu eski Roma yolu daha sonraları aktörler, yazarlar ve aristokratların uğrak yeriydi. Strand üzerinden doğuya doğru ilerlemeye devam edin.

❻ Courtauld Gallery & Somerset House (bkz. s. 106–107) Van Gogh, Goya, Gainsborough ve pek çok sanatçının eseri bu dünya klasmanındaki sanat merkezindeki galerileri süsler. Strand üzerinden doğuya doğru devam edin ve St. Clement Danes'i geçin.

Covent Garden

1 Uzman mimar Inigo Jones zarif Piazza'yı tasarlamıştır ve 1630'lu yıllardaki kolonlu binası aristokratların yerleşim yeriydi. Meydan ayrıca aç gözlü satıcıların zenginlere mal satmaları için dikkatlerini çekti ve ufak ticaret merkezi sonunda Londra'nın önde gelen sebze, meyve ve çiçek pazarına dönüşmüştür. Pazarın yapısı geç Georgian (1830) dönemini taşısa da, Jones'un büyük kısmında hâlâ neredeyse 400 yıl önce yapılmış olan sevimli meydan havasını hissedebilirsiniz. Covent Garden'ın gelişimi enerjik restoranları ve eğlence merkezleri ile 1970'li yıllarda başlamıştır. Buradaki yiyecek ve çiçek pazarı Thames'in güney kıyısına taşınmıştır. İlk bakışta kaotik görünse de, **sokak tiyatrosu** dikkatle organize edilmiştir: Müzisyenler, akrobatlar ve diğer sokak çalgıcıları Piazza'da performans sergilemeleri için gerekli olan lisansı almak için seçmelere katılmalıdırlar ve pek çoğu yıllar boyunca Covent Garden'da çalmıştır.

Covent Garden Piazza, WC2 • www.coventgardenlondonuk.com • Metro: Covent Garden, Leicester Square veya Charing Cross

St. Paul's Covent Garden

2 Burası yerel tiyatro dünyasındaki üyeliği nedeniyle "aktörlerin kilisesi" olarak bilinir ve St. Paul'un başka bir Inigo Jones kreasyonudur. Dış cephesi ve kapı gibi Tuscan sütunları George Bernard Shaw'ın *Pygmalion* oyununun ilk sahnesinde geçmiştir ve çiçekçi kız Eliza Doolittle'a Covent Garden'ı tanıtmıştır. İçeride **Vivien Leigh, Charlie Chaplin** ve **Boris Karloff'**u anan plaketlerine dikkat edin. Önünde gezen kalabalıklar tarafından az bilinen **arka bahçe** sakin bir cennettir ve Londra'nın merkezinin gürültüsünden uzaktır.

Bedford St., WC2 • www.actorschurch.org • 020 7836 5221• Metro: Covent Garden

Royal Opera House

3 Besteci George Frideric Handel ve aktör Edmund Kean'e opera şarkıcısı Jenny Lind ve balerin Margot Fonteyn'e sahne, müzik ve dans dünyasının sayısız büyük ismi Covent Garden'ın kuzey

doğu ucundaki bu efsanevi tiyatroda performans sergilemiştir. 1858 yılında açılan şuanki bina üçüncü örnektir, diğer ikisini yangın yok etmiştir. Seçkin Corinthian ön veranda Royal Opera ve Royal Ballet'in 2,200 oturma kapasiteli dev oditoryumunun önündedir. Değişen sergilerden oluşan bir program ünlü eski yapımları ve geçmişte ziyaret eden ünlüleri anar.

Bow St., WC2 • www.roh.org.uk • 020 7304 4000 • Turlar £££ • Metro: Covent Garden

Royal Opera House'un ziyaretçileri şampanyalarını eski çiçek pazarının bir parçası olan dökme demir ve camdan oluşan Paul Hamlyn Hall'da içebilirler.

London Transport Museum

4 Covent Garden'ın güneydoğu kısmındaki bu müze Londra kamu ulaşımının 200 yılını gözler önüne serer. Geniş içi (bir zamanların çiçek pazarı) karışık bir kibrit koleksiyonu gibi eski taksiler, tramvaylar, metro vagonları, arabalar ve iki katlı otobüslerle dolup taşar. İlgi çeken eserler arasında atla çekilen otobüs, 1866 yılından bir lokomotif ve motorlu bir otobüsün ilk örneği vardır. Eski posterler ve üniformalar araçlardan oluşan koleksiyonu tamamlar.

Covent Garden Piazza, WC2 • www.ltmuseum.co.uk • 020 7379 6344 • ££££ • Metro: Covent Garden

The Strand

5 Trafalgar Square ile Fleet Street arasındaki 1 kilometrelik yol, Londra'nın tarihsel önemi olan caddelerinden biridir. Adından da anlaşılacağı gibi burası bir zamanlar Thames'in kuzey kıyısıydı. Roma zamanından beri bir cadde olmuş ve Orta Çağ boyunca buraya saraylar sıralanmıştır. Viktorya döneminde tiyatronun en önemli merkezi olmuş ve Charles Dickens gibi isimleri cezp etmiştir. **Royal Courts of Justice** (bkz. s. 104) ile işaretlenen ve güneyinde **Inns of Court** (bkz. s. 108 – 109) bulunan cadde, Londra'nın hukuk dünyasının merkezi olmayı sürdürmüşken, şık **Savoy Hotel** (1889)

İngiltere'nin lüks otel mirasının hatırlatıcısı olmuştur. Caddedeki "Islands" **St. Mary le Strand** (1717) ve **St. Clement Danes** (1681) kiliselerine ev sahipliği yapar.

Trafalgar Sq. ve Fleet St. arasında • Metro: Charing Cross veya Embankment

Courtauld Gallery & Somerset House

6 Bkz. s. 106 – 107

Somerset House, Strand, WC2 • www.courtauld.ac.uk • 020 7872 0220 • ££ • 25 – 26 Aralık tarihlerinde kapalıdır. • Metro: Temple, Embankment veya Charing Cross

Royal Courts of Justice

7 Neredeyse bin yıllık bir geçmişe uzanan hukuk geleneklerine bağlı olan bu yerde beyaz peruklu yargıçlar ve avukatlar, İngiltere'nin yasal merkezini oluşturan koridorlar, geçitler ve odalardan oluşan bu labirentte dolaşırlar. Bu neo-Gotik labirent 19. yüzyılın sonunda yapılmış ve 88 mahkeme odası ulusun pek çok sivil davalarına bakar. Görkemli giriş holü, sivil bir binadan çok katedrale benzemektedir ve 24 metre yüksekliğindeki, 72 metre uzunluğundaki **Great Hall**'a açılır. Halkın birçok davaya katılmasına izin verilir.

Strand, WC2 • www.justice.gov.uk • 020 7947 7684 • Turlar için önceden rezervasyon yaptırılmalıdır. • Metro: Temple veya Charing Cross

Sir John Soane's Museum

8 Tüm mevsimlerin adamı olan, Georgian dönemi mimarı John Soane'in gittikçe büyüyen bu eve topladığı İngiliz ulusunun eserleri konusunda keskin bir gözü vardı. Geniş koleksiyonda Mısır ve Roma antikalarından, **Hogarth, Cana-**

YEMEK YENECEK EN İYİ YERLER

■ AXIS
Stil sahibi modern dekoru ve uç noktadaki mutfağı, One Aldwych otelinin içindeki bu restoranı Londra'nın önde gelen mekânlarından biri yapar. **1 Aldwych, WC2, 020 7300 1000, ££££**

■ CHEZ GÉRARD
Covent Garden'daki cafe Fransız klasiklerini (escargot, steak frites, confit de canard) sunar ve açık havada yemek yerken Piazza'yı tepeden izleyebilirsiniz. **The Piazza, WC2, 0207 379 0666, £££**

■ LOCH FYNE
İskoç kıyılarının deniz ürünlerinden esinlenen menüde midyeler, istiridyeler ve tütsülenmiş somon vardır. Restoran Piazza'nın hemen doğusundaki sessiz bir sokaktadır. **2-4 Catherine St., WC2, 020 7240 4999, £££**

Sir John Soane'in resim odasındaki tablolar, daha fazla tabloyu açığa çıkaran panellere asılıdır.

letto ve **Turner** tablolarına, vitraylara, nadir kitaplara, kronometrelere, mobilyalara, Çin karolarına ve diğer binalardan kurtarılmış parçalara kadar pek çok eser bulunur. İçeriği bir yana, evin kendisi 19. yüzyıl başı üst-orta sınıf Londralıların hayatı konusunda nadir, neredeyse dokunulmamış bir bakış açısı sunar.

13 Lincoln's Inn Fields, WC2 • www.soane.org • 020 7405 2107 • Turlar ££ • Pazar ve Pazartesi günleri kapalıdır. • Metro: Holborn veya Chancery Lane

St. Bride's Church

9 2. Dünya Savaşı bombardımanı Londra'nın gazetecilik lideri kilisesini neredeyse yok etmiş olsa bile, kilise Sir Christopher Wren'in orijinal tasarımına göre tekrar inşa edilmiştir. 69 metrelik katmanlı "düğün pastası" tarzı çan kulesi, hava saldırısından kurtulan sadece tek kısım olarak kiliseyi süsler. Mezarlığında bir müze, tarihi mezar taşlarından oluşan bir koleksiyon ve mezar hırsızlarına engel olmak için tasarlanmış ender bulunan **demirden bir tabut** vardır.

Fleet St., EC4 • www.stbrides.com • 020 7427 0133 • Metro: Temple, Blackfriars veya St. Paul's

Courtauld Gallery & Somerset House

Dünyanın en ünlü küçük sanat koleksiyonlarından biri

Galerinin ufak odaları Empresyonist ve Postempresyonist dönemi başyapıtlarına ev sahipliği yapar.

Courtauld Gallery Londra'deki en güzel 18. yüzyıl binasındadır; William Chamber's Somerset House Tames'e yukarıdan bakar. Tekstil milyoneri Samuel Courtauld ve diğer özel koleksiyoncular Avrupa tablolarını, heykellerini ve orta çağdan 19. ve 20. yüzyıllara kadar dekoratif sanat eserlerini kapsayan bu sergiyi kurmuşlardır. Koleksiyon en çok Monet, Renoir, Manet, Cézanne, Gauguin ve van Gogh eserleri ile ünlüdür.

ORTA ÇAĞ SANATI

İlk oda, orta çağ ve erken dönem İtalyan Rönesans tablolarını sergiler. Ayrıca görkemli, üç parçalı Hollanda eseri, Master of Flemalle'den "**Entombment of Christ**'i" ve kişisel meditasyon için kullanılmış olan harika "**Gotik fil dişi ürünlerini**" (1270 – 1400) sergiler.

RÖNESANS

15. ve 16. yüzyıldaki görkemli İtalyan sanatının temsilcisi olan nefes kesici bir çift altın ve boyama düğün sandığıdır *(cassoni)*. Botticelli'nin "**The Trinity**" eseri orijinal olarak tövbe etmiş hayat kadınlarına *(convertite)* Hristiyan öğretilerini vaaz veren Florentine'in yüksek mihrabı için yapılmıştı. Kuzey Rönesansını temsilen ressam Lucas Cranach'ın inanılmaz detaylı "**Adam and Eve**" tablosu, düşüşten önce cennetin ahenkli bir resmini, aslanlar, koyun ve çıplak vücutlarla doğal bir tasvir şeklinde gösterir.

RUBENS & BAROK

Çok yönlü barok usta Peter Paul Rubens özellikle manzara resimleri, yağlı boya skeçleri, ünlü mihrap arkası heykeli "**Descent from the Cross**"'un dizaynı ve ressamın arkadaşlarının dokunaklı aile portresi "**Family of Jan Brueghel**" ile temsil edilir. Ayrıca Anthony van Dyck, Goya ve Tiepolo'nun eserleri de yakındadır.

> **İPUCU**
>
> Somerset House'da ki nefes kesici kaldırımlı avlu ve çeşmeler burayı merkez Londra'nın en rahatlatıcı kamu alanı yapar. Yazın açık hava filmlerine, konserlere ve kışın ise Londra'nın en sevilen buz pateni pistine ev sahipliği yapar.

EMPRESYONİST & POSTEMPRESYONİST

Galerideki koleksiyonun en ilgi çekici parçaları arasında modern başyapıtlardan Edouard Manet'in "**A Bar at the Folies-Bergère**," Pierre-Auguste Renoir'in "**La Loge**", Vincent Van Gogh'un "**Self-Portrait with Bandaged Ear**" tabloları ile Claude Monet, Edgar Degas ve Paul Gauguin'in eserleri yer alır.

Tüm bir oda, İngiltere'nin en iyi tablolarından Paul Cézanne'in koleksiyonuna adanmıştır ve bunların içinde ikonik Provence manzarası "**Montaigne Ste.-Victoire**" eseri de vardır.

Somerset House, Strand, WC2 • www.courtauld.ac.uk • 020 7872 0220 • ££ • 25 – 26 Aralık tarihlerinde kapalıdır. • Metro: Temple, Embankment veya Charing Cross

Hukuk Gelenekleri

Tıpkı monarşi gibi, İngiltere'nin yasal sistemi de modern dünyaya uyum sağlarken, elbiseler ve prosedürler gibi ilginç ve eski geleneklerini korumayı başarmıştır. Merkez Londra'daki pek çok avukatın ofisinin bulunduğu Inns of Court ve mahkemeler çalışmakta olan modern yasal sistemin bir parçası olmanın yanı sıra, tarihin hazinelerini de barındırır. Bahçeleri Londra'nın en huzurlu yeşil alanlarından biridir.

Royal Courts of Justice'in saati (yukarıda); tören peruklarını ve cübbelerini giymiş avukatlar kiliseye giderken (sağda)

Inns of Court

İngiltere ve Galler'deki tüm dava vekilleri *(mahkemeye çıkan avukatlar)* topluca Inns of Court olarak bilinen dört kurumdan birinin üyesi olmak zorundadırlar. Bu avukat toplulukları 700 yıl önce, Westminster ile City of London arasında kurulmuşlardır. Inns of Court'u oluşturan toplulukların ikisi olan Inner Temple ve Middle Temple, Thames ile Fleet Street arasındadır. Fleet Street'ten Chancery Lane boyunca kuzeye doğru yapılacak kolay bir yürüyüş sizi diğer ikisine; Lincoln's Inn ve Gray's Inn'e ulaştırır.

Bir grup eğitimli adamın ihtiyacı olan her şeyi sunan, çalışmak ve yaşamak için kullanılan odalar, yemek için bir salon, ihtiyaç duyanlar için bir kilise, okumak için bir kütüphane ile dinlenmek ve rahatlamak için bir bahçeye sahip olan Inns of Court, şehirdeki sakin bir vaha gibidir. Avluyu çevreleyen duvarları ve çim ile çiçeklerden oluşan dar ve geniş alanları vardır. Inns'i gezen ziyaretçiler peruklu ve cüppeli avukatların ofislerinden mahkemeye giderken kollarında pek çok dosya taşıdıklarını görebilirler.

The Inner ve Middle Temple özellikle tarih bakımından zengindir. 12. yüzyıl **Temple Church**'ün *(Inner Temple Lane, WC2, www.templechurch.com, 020 7353 3470)* yuvarlak orta bölümü Kudüs'deki Church of the Holy Sepulchre model alınarak yapılmıştır. Karşısındaki Tudor stili, **Middle Temple Hall** ise Shakespeare'in komedisi *Twelfth Night*'ın ilk kez 2 Şubat 1602 tarihinde Candlemas'da sahne aldığı yerdir.

Mahkemeler

Yasal işlemlerin yürütülmesini izlemek için Inns of Court'tan Strand'da ki (bkz. s. 103) Royal Courts of Justice'e doğru kısa bir yürüyüş yapmanız yeterlidir. Burada sivil davaları görebilir veya Central Criminal Court'taki **Old Bailey**'de *(Old Bailey, EC4, 020 7248 3277, hafta sonları ve kamu tatillerinde kapalıdır)* suçlu davalarını izleyebilirsiniz.

INNS OF COURT'UN ESKİ ÜYELERİ

Pensilvanya'nın kurucusu William Penn, Lincoln's Inn'in üyesiydi.

Amerika Bağımsızlık Bildirgesini imzalayan beş kurucu; Edward Rutledge, Thomas Heyward, Thomas McKean, Thomas Lynch ve Arthur Middleton Middle Temple'ın üyesiydi. Diğer kurucu William Paca Inner Temple üyesiydi.

Genç Charles Dickens Gray's Inn'de kâtip olarak işe alınmıştı.

Ev Müzeleri

Yazarlar, sanatçılar, devlet adamları ve bilim insanları gibi pek çok büyük ve tanınmış isim Londra'yı evleri olarak seçmiştir. Paha biçilemez sanat koleksiyonları ile ya da günlük var oluşun sıradan objeleri ile dolu olsun, bu isimlerin evleri, hayatlarına ve onları ünlü yapan eski işlerine bir bakış atmanızı sağlar.

■ Dr. Johnson'ın Evi

Fleet Street'in kuzeyindeki pasajlardan oluşan bir ağda olan 17 Gough Square, 1700 civarında yapılmıştır. Dr. Samuel Johnson 1748 – 1759 yılları arasında burada yaşamış ve İngilizce sözlüğünü burada derlemiştir.

17 Gough Sq., EC4 • www.drjohnsonshouse.org • 020 7353 3745 • ££ • Pazar günleri ve kamu tatillerinde kapalıdır.

■ John Wesley'in Evi

Abisi Charles ile birlikte Methodizm'in kurucusu olan John Wesley bu evi ve bitişiğindeki şapeli City'nin kuzey ucuna 1779 yılında yapmıştır. Ona ait olan eşyalar ile birlikte çalışma ve dua odası da korunmuştur.

49 City Rd., EC1 • www.wesleyschapel.org.uk • 020 7253 2262 • Donations • Pazar günleri ve kamu tatillerinde kapalıdır.

■ Apsley Evi

Number One, London olarak da bilinen Hyde Park Corner, Westminster'daki Apsley House, 1771-1778 arasında Robert Adam tarafından tasarlanmıştır. İlk Wellington Dükü, 1815 yılında Napolyon karşısında Waterloo zaferini kazandıktan sonra buraya taşınmıştır. Sanat koleksiyonu arasında Velázquez ve Rubens'in yanı sıra Napolyon'un çıplak bir heykeli de yer alır.

149 Piccadilly, W1 • www.english-heritage.org.uk • 020 7499 5676 • ££ • Pazartesi (kamu tatilleri hariç) ve Salı günleri, 1 Ocak ve 24 – 26 Aralık tarihlerinde kapalıdır.

■ Benjamin Franklin'in Evi

Trafalgar Square'deki bu Georgia dönemi evi, 1757 ila 1775 yılları arasında burada yaşamış olan, bilim adamı, filozof ve Amerika'nın kurucusu Dr. Benjamin Franklin'in günümüze ulaşan tek evidir.

36 Craven St., WC2 • www.benjaminfranklinhouse.org • 020 7839 2006 • ££ • Pazartesi ve Salı günleri kapalıdır. • Rezervasyon yapmanız tavsiye edilir.

Dennis Severs' House'da yanmakta olan mumlar, ev sahiplerinin yakında olduğu hissini verir.

■ Freud Müzesi

Nazi Almanya'sı tarafından işgal edilen Avusturya'dan kaçan Sigmund Freud ailesi ile birlikte Hampstead'e taşınmıştır. Burada ailesi tarafından kullanılan kanepeyi, çalışma odasını, neredeyse 2.000'e ulaşan Roma, Yunan, Mısır ve Doğu'ya özgü antikaları görebilirsiniz.

20 Maresfield Gdns., NW3 • www.freud.org.uk • 020 7435 2002 • ££ • Pazartesi ve Salı günleri kapalıdır.

■ Linley Sambourne Evi

Kensington'daki bu Viktorya dönemi sonları kasaba evi, *Punch* dergisinin çizeri Edward Linley Sambourne'un (1844 – 1910) evidir. Evdeki orijinal mobilyalar ve Sambourne ailesinin diğer mal varlıklarının çoğu korunmuştur. Bunların arasında Çin'den ithal edilmiş porselenler ve İngiliz kalaysırlı ev eşyaları vardır.

18 Stafford Ter., W8 • www.rbkc.gov.uk/subsites/museums/18staffordterrace.aspx • 020 7602 3316 • ££ • Turlar: Çarşamba 11.15 ve 14.15, Cumartesi ve Pazar 11.15.

■ Dennis Severs'in Evi

Zaman yolcusu olmak isteyenler Doğu Londra'daki Spitalfields, Folgate Street'te bulunan bu Georgia evine bayılacaklar. Ziyaretçiler her biri farklı bir tarihi stil ile döşenmiş on odada sessizce dolaştırılırlar.

18 Folgate St., E1 • www.dennisseversshouse.co.uk • 020 7247 4013 • £££ • Pazar günleri ve iki haftada bir Pazartesi günleri açıktır.

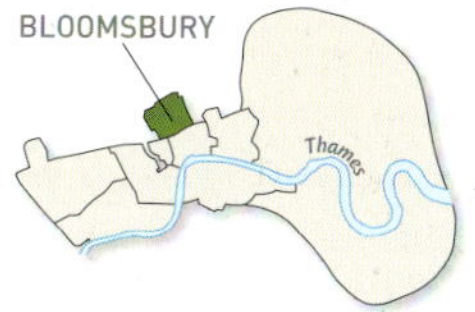

Bloomsbury

Burası University of London'ın pek çok kolej binasını çevreleyen güzel bahçelerle şehrin entelektüel kalbidir. Burası kuzeyde Euston Road ile güneyde Holbornla sınırlı ve İngiltere'deki en büyük müze ve kütüphane dâhil dünyanın önde gelen bilgi depolarının evidir. Mimari de bu entelektüel atmosfer ile orantılıdır. Görkemli Georgia kasaba evleri, klasik kiliseler, etkileyici art deco ofis binaları ve nefes kesici neo-Gotik tren istasyonu birbirine karışmıştır. 20. yüzyılın başlarında Bloomsbury popüler bir hale gelmiş ve devrimciler bu edebi atmosferde yeni ideolojiler benimsemişlerdir. Diplomatların evleri ve ayrıca pek çok büyük elçilik de bu bölgededir. Ancak Bloomsbury sadece bilgili elitler için değildir. Sakin sokaklar huzurlu bir vaha sunar. Her yaştan insanlar Pollock's Toy Museum'daki eski moda oyuncakların zevkine varabilir ve Cartoon Museum'un afacan çizimlerini değerlendirmek için genç olmanız gerekmez.

◀ British Museum'daki yedi milyondan fazla eserin arasında Mısır firavunu III. Amenhotep'in dev büstü de vardır.

Bloomsbury

Yapraklarla dolu meydanlar, tuğla ve taştan kasaba evleri ve harika müzeler ziyaretçileri bu bölgeye çeker.

7 British Library
(bkz. s. 119) Hayatınız boyunca isteyebileceğiniz tüm kitaplar burada bulunur. Euston Road'dan St. Pancras Station'a doğru doğuya ilerleyin.

5 Pollock's Toy Museum
(bkz. s. 118) Bu oyuncak koleksiyonunu ziyaret ettikten sonra tekrar Tottenham Court Road'a dönün ve kuzeye ilerleyin. Torrington Place'den doğuya, Tavistock Place'e ve sonra hunter Street'ten güneye dönün.

BLOOMSBURY – MESAFE: 4 KİLOMETRE SÜRE: TAHMİNEN 8 SAAT METRO BAŞLANGICI: HOLBORN

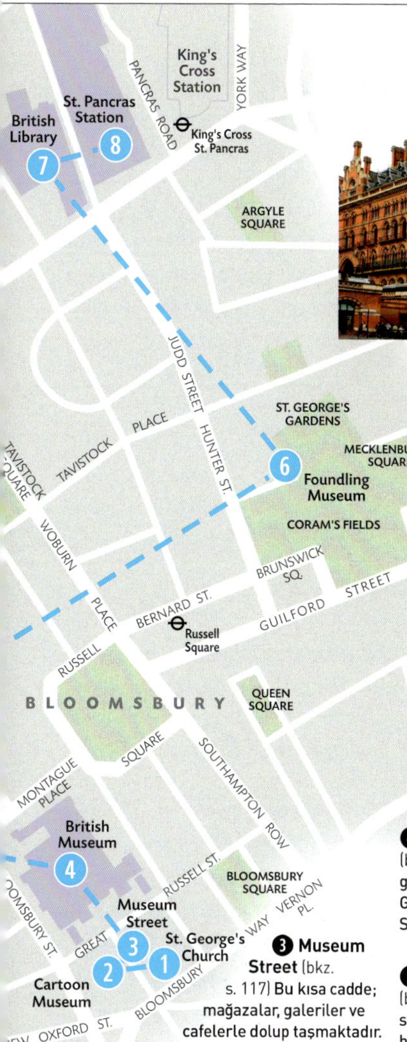

8 St. Pancras Station
(bkz. s. 119) Londra'nın en güzel tren terminali aynı zamanda en romantik olanıdır. Champagne Bar'da dinlenebilir veya yeni restore edilmiş Midland Grand Hotel'de bir oda ayırtabilirsiniz.

6 The Foundling Museum (bkz. s. 118) Yüzyıllar önce doğan yüzlerce bebek Foundling Hospital'ın bakımına verilmişti. Hunter Street'e ve British Library'e doğru kuzeye ilerleyin.

4 British Museum
(bkz. s. 120—123) Mumyaları ve Elgin mermerlerini görün. Tottenham Court Road'a ilerleyin, kuzeye ve Goodge Street'ten batıya dönün. İlk sağa ve Scala Street'ten ilk sola dönün.

3 Museum Street (bkz. s. 117) Bu kısa cadde; mağazalar, galeriler ve cafelerle dolup taşmaktadır. British Museum caddenin kuzeyindedir.

2 The Cartoon Museum
(bkz. s. 116) Bu komik sanat eserlerinden oluşan hazineyi keşfedin ve Little Russel Street'ten batıya, Museum Street'e gidin.

1 St. George's Bloomsbury
(bkz. s. 116) Yakın zamanda restore edilmiş bu kilisede büyük mimari aspirasyonlar vardır. Little Russel Street'i geçerek The Cartoon Museum'a gidin.

St. George's Bloomsbury

1 Bloomsbury'nin yeni büyüyen topluluğu için 1731 yılında kutsanmış olan son kilise, Sir Christopher Wren'in öğrencisi Nicholas Hawksmoor tarafından tasarlanmıştır. Kilisenin Baalbec'deki Bacchus'da bulunan Roma tapınağından esinlenilmiş Korint sütunlu bir girişi vardır. Tepesindeki piramit benzeri yapı ise Türkiye'deki anıtkabirden esinlenilerek yapılmıştır. Görkemli ancak basit iç tasarımı yeni restore edilmiştir ve İngiliz barok stilinin yüksek özelliklerini taşır. Akustik özelliği burayı sevilen bir konser salonu haline getirmiştir ve yer altı kemerleri kilisenin ve Bloomsbury tarihinin sunulduğu daimi bir sergiye ev sahipliği yapar.

Little Russell St., WC1 • www.stgeorgesbloomsbury.org.uk • 020 7242 1979 • Metro: Holborn

YEMEK YENECEK EN İYİ YERLER

■ **THE LAMB**
Geleneksel pub yemekleri ve İngiliz birasını bu tarihi Viktorya dönemi barında bulabilirsiniz. Ayrıca müşterilerinin mahrumiyeti için eski stil buzlu cam bölmeleri vardır.
94 Lambs Conduit St., WC1, 020 7405 0713, £

■ **MARY WARD CENTRE**
Yetişkinlere eğitim sunan bu kolejin, vejetaryen cafesi ve sanat galerisi gizli bir cevherdir. Sakin Georgia binasında lezzetli yemeklerin tadını çıkarın.
42 Queen Sq., WC1, 020 7269 6000, £

■ **PIED À TERRE**
Mevsimsel malzemelerle hazırlanan lezzetli yemekler ve kibar atmosferi buraya iki Michelin yıldızı kazandırmıştır.
34 Charlotte St., W1, 020 7636 1178, £££££

The Cartoon Museum

2 Londra'nın tek mizahi çizimler müzesinde politik karakterlerden, yeni ve eski çocuk kitaplarındaki orijinal eserlere kadar yüzlerce görülmeye değer parça vardır. Sergi 18. yüzyıl başlarındaki İngiliz sanatçılarına odaklanır. Bu dönemde sanatçılar ciddi politik görüşlerini sergilemek için oyuncu çizimler kullanıyorlardı. Sergi 20. yüzyıl çocuk karikatür dergileri ile devam eder ve *The Beano* ve *Dandy* gibi örnekleri görmek mümkündür. Bazı yeni politik karikatürler olsa da, 1. Dünya Savaşı çizimleri hâlâ aynı duyguyu hissettirir. Müze kütüphanesinde animasyon, karikatür ve çizgi film içerikli 4.000'den fazla kitap vardır.

35 Little Russell St., WC1 • www.cartoonmuseum.org • 020 7580 8155 • ££ • Pazartesi günleri, 1 Ocak, 25 – 31 Aralık tarihlerinde kapalıdır. • Metro: Holborn

Museum Street'in hemen batısındaki James Smith & Sons şemsiyeler konusunda uzmanlaşmıştır.

Museum Street

3 British Museum'un karşısında Museum Street vardır ve eşsiz bir mağaza olanağı sunar. Köşedeki **Museum Tavern** Viktorya dönemi iç dizaynı, maun ve baskılı cam tasarımının yanı sıra farklı çeşitte kaliteli İngiliz birası sunar. **Abbott and Holder** *(No. 30)* İngiliz tabloları, çizimleri ve 250 senelik baskılar konusunda uzmanlaşmıştır. **Atlantis** *(No. 49a)* 1922 yılından beri gizemli kitaplar satmaktadır. Ayrıca klasik seramiklerin, heykellerin ve pek çok ilginç eserin kopyalarını satan mağazalar da mevcuttur.

Runs from New Oxford St. to Great Russell St. • Metro: Holborn

British Museum

4 Bkz. s. 120 – 123

Great Russell St., WC1 • www.britishmuseum.org • 020 7323 8299 • 1 Ocak ve 24 – 26 Aralık tarihlerinde kapalıdır. • Metro: Tottenham Court Road, Holborn veya Russell Square

Pollock's Toy Museum

5 Dünya Savaşından kalma oyuncak ayı ve 19. yüzyıl sallanan at gibi nostalji karmaşası parçalarla dolu odalar, bu müzeyi oluşturmak için birleştirilen 18. ve 19. yüzyıl evlerinin parçalarıdır. Koleksiyon, basılı kartlardan oyuncak tiyatroları yaratan dükkâncı Benjamin Pollock'a dayanmaktadır. Pollock'un orijinal dükkânı Doğu Londra'da, Hoxton'daydı ve 1880 yılından, ölümü olan 1937 yılına kadar burayı işletmiştir. O zamanlar oyuncakları ile meşhurdu ve müşterileri arasında yazar Robert Louis Stevenson ve sanat eleştirmeni Serge Diaghilev gibi isimler vardı.

1 Scala St., W1 • www.pollockstoymuseum.com • 020 7636 3452 • ££ • Pazar günleri ve kamu tatillerinde kapalıdır. • Metro: Goodge Street

The Foundling Museum

6 18. yüzyılın ortasında Londra'daki çocukların %75'i henüz 5 yaşına varmadan ve %90'ı da ıslahevlerinde ölüyordu. Hayırsever Kaptan Thomas Coram bu durumdan etkilenerek 1739 yılında istenmeyen bebeklere bakması için Foundling Hospital'ı kurdu. Anneleri tarafından hatıra fiyonklar, kurdeleler, boneler, üstleri çiçekler ve kalpler işlenmiş kıyafetlerle yılda yaklaşık 200 bebek buraya bırakılırdı. İnsanı üzen bu hatıralar sergilenmektedir. Müze üç kat üzerine yayılmıştır ve dönemin mobilyalarını, hastane tarihini ve bağışçı besteci George Frideric Handel'in eşyalarını sergiler. Büyük sanat koleksiyonunun arasında hastaneye para bağışlayan William Hogarth'ın tabloları da bulunmaktadır. Londra'nın en iyi 18. yüzyıl rococo iç tasarımı olan oda ise buradaki **Governors' Meeting Room**'dur.

BUNU **BİLİYOR MUYDUNUZ?**

Düşkün evleri fakir ve işsizleri, yemek ve yatak karşılığında çalıştırırdı. Ayrıca terk edilmiş veya yetim kalmış çocukları da barındırırlardı.

40 Brunswick Sq., WC1 • www.foundlingmuseum.org.uk • 020 7841 3600 • £££ • Pazartesi günleri ve kamu tatillerinde kapalıdır. • Metro: Russell Square

British Library

7 İngiltere ve İrlanda Cumhuriyetinde basılan her yeni kitabın British Library'de bir kopyası vardır ve her sene yaklaşık 11 kilometrelik yeni raf alanı eklenmesini gerektirir. Bina **King's Library**'i çevreler; burası Kral III. George tarafından toplanan deri ciltli kitapların koleksiyonuna ev sahipliği yapan cam duvarlı bir binadır. Okuma odaları sadece araştırmacılara açık olsa da, ziyaretçiler kütüphanenin arşivinden sergiye konulan hazineleri görebilirler. Bunların arasında **Shakespeare oyunlarının** ilk versiyonları, orijinal **Beatles şarkı sözleri** ve **Magna Carta** vardır.

96 Euston Rd., NW1 • www.bl.uk • 0843 208 1144 • Pazar günleri ve 25 Aralık tarihinde kapalıdır. • Metro: King's Cross St. Pancras

St. Pancras Station

8 Mimari bir cevher olan istasyon 1868 yılında tamamlanmış neo-Gotik bir saraydır ve şimdi kıta ile Javelin servisini Stratford Olympic Park'a bağlayan yüksek hızlı Eurostar'ın başlangıç noktasıdır. Tren yolculuğu her zaman romantiktir ve yenilenmiş formuyla (kolonlar orijinal maviye boyanmıştır ve açık gökyüzü hissini yaşatır) St. Pancras kur yapma yeri olmuştur. The Champagne Bar, Avrupa'nın en uzunu olduğu iddiasındadır. **"Brief Encounter"** adlı öpüşen bir çiftin heykeli kalabalığın üzerine doğru uzanır. Viktorya döneminin en tanınan mimarlarından şair **John Betjeman**'ın heykeli de buradadır. Eski dünya cazibesi önceki Midland Grand Hotel'in yerine kurulan **St. Pancras Renaissance Hotel** (bkz. s. 184) Londra tren yolu otellerinin bir zamanlar ne kadar büyüleyici olduklarını göstermektedir.

John Betjeman 1960'lı yıllarda St. Pancras'ı kurtarmak için bir kampanya yürütmüştür.

Euston Rd, NW1 • www.stpancras.com • Metro: King's Cross St. Pancras

British Museum

Mısır mumyalarından paha biçilemez vazolara ve Aztek maskelerine kadar Londra'nın en büyük müzesi dünyanın en değerli hazinelerinden bazılarına ev sahipliği yapar.

British Museum'un Great Court bölümünde bulunan bir cafe ve mağazalar eski okuma odasını çevrelemektedir.

4 kilometrelik bir alanı kaplayan galerilerin hepsini keşfetmek ve British Museum'un sahip olduğu yedi milyondan fazla antik ve modern objeyi görmek haftalar sürerdi ama bir veya iki saatte en ilgi çekici eserleri görmek mümkündür. Koleksiyonun çoğunu sergileyen, dünyanın en eski kamu müzesi iki katta sergilenir ve galerilerin çoğu batı kanatta, sağ girişte ve zemin katın büyük bir kısmındadır. İnsanı kendine hayran eden Great Court ile başlayın ve mekânın ruhunu hissedin.

■ Great Court

Binanın kalbi olan Great Court mimar Norman Foster tarafından tasarlanmış ve 2000 yılında açılmıştır. Bir zamanlar Reading Room'u çevreleyen açıklık alan kapalı bir kamu alanı yaratmak için hafif bir çatı ile kapatılmıştır. Great Court'ta bir düzine antik heykel vardır ve bunların en eskisi **Mısır Firavunu III. Amenhotep**'in M.Ö 1400 yılından kalma başıdır.

■ The Reading Room

Müzenin dairesel okuma odası 1857 tarihinde açılmıştır. Burada Karl Marx *Das Kapital*'in bir bölümünü yazmış, Gandhi hukuk okumuş, Sherlock Holmes'un yaratıcısı Sir Arthur Conan Doyle ve sayısız yazarlar kitapları için araştırma yapmışlardır. British Library *(bkz. s. 119)* 1997 yılında açıldığında, Reading Room kapatılmış ve günümüzde geçici sergiler için kullanılmaktadır. Mavi ve altın rengi kartonpiyerden yapılmış kubbeye bakmak için kafanızı kaldırın.

■ Mısır & Yakın Doğu

Great Court'un batı yakası boyunca Mısır Heykel Galerisi (Oda 4) uzanır. Kalabalığı aşabilirseniz **Rosetta Stone**'u görün. Bu iddiasız kaya parçası en önemli Mısır objelerinden biridir: Hiyeroglifleri anlama konusunda önemli bir kaynak sunar. Taşın üzerindeki hiyerogliflerle aynı metnin, demotik ve eski Yunancası vardır. 1799 yılında bulunduğunda, hiyeroglif okuma sanatı 1.400 yıldır kayıptı ancak iki akademisyen eski Yunanca metinleri kullanarak kodu çözmüştür.

Mısır galerilerinde masif insan başlı kanatlı boğalar Kral II. Sargon'un sarayından getirilmiştir ve Asur Galerilerine (Oda 6 – 10) açılır. En ilgi çekici parçalardan biri olan **duvar kabartmaları** M.Ö yedinci yüzyıldan, modern Irak'taki Nineveh sarayından kalmıştır. Asil aslanın avlanma sahnelerinin dramasını anlatır (Oda 10).

BUNU **BİLİYOR MUYDUNUZ?**

Müzenin koleksiyonu 18. yüzyıl koleksiyoncusu Sir Hans Sloane'un kişisel hazinesi ile başlar. Kendisi hayatı boyunca 71.000 obje toplamıştır. British Museum, Sloane koleksiyonuna 1753 yılında devlete bağışladığında başlamıştır.

■ Mumyalar & Daha Fazlası

Antik Mısır'dan daha fazla parça görmek için üst kata çıkın (Oda 61 – 66). Burada tabutlar ve mumyaları görebilirsiniz. Bunların arasında **mumyalanmış bir kedi** ve M.Ö 1300 ilâ 1280 yılları arasında ölmüş olan Tibet'ten **Katebet mumyası** vardır.

Katebet bir peruk, yüzükler ve onu ölümden sonra koruyacak olan karnındaki bokböceği ile gömülmüştür.

■ Yunan & Roma'nın Başarıları

Müzede sergilenen koleksiyonun mücevheri **Parthenon Sculptures** ayrıca **Elgin mermerleri** (Oda 18) olarak da bilinirler. Atina'daki Parthenon için yapılmış olan bu kabartmalar insanlar ve iki cinsli yaratıklar arasındaki savaşı anlatır. Video şovunda, kabartmaların bir zamanlar süslemekte olduğu antik Atina tapınağında, renkli ve bütün halde nasıl göründüklerini izleyebilirsiniz.

Yunan ve Roma galerileri üst katta devam eder (Odalar 69 – 73). Burada günlük hayatın yanı sıra seremoniler için kullanılan objeleri de görebilirsiniz. Mitolojik aşk sahneleri ile dekore edilmiş mavi beyaz Roma cameo cam **Portland vazo** M.S 525 yılından kalmıştır ve 1845 yılında bir müze ziyaretçisi tarafından kırılmış ve tekrar yapıştırılmış olan vazo 1987 yılında tekrar sergilenmeye başlanmıştır.

■ Amerika & Asya

Great Court'un kuzey tarafı Amerika, Asya ve İslam dünyasının eserlerine ev sahipliği yapar. Buradaki sanat eserleri arasında **Easter Island** (Oda 24) heykeli, yerel Amerikalıların şapkaları (Oda 26) ve Aztek

M.Ö beşinci yüzyıldan kalan Parthenon heykelleri dinamik bir grup halinde gerçek boyutlu figürleri içerir.

Turquoise Serpent (Oda 27) gibi eserlerin yanı sıra maskeler, yeşim taşları, seramikler ile günlük ve dinsel yaşamdan eserler vardır.

■ İngilterenin Hazineleri

Zaman zaman İngiltere'nin gömülü hazineleri genellikle mezarlıklardan veya yer altındaki saklı yerlerden ortaya çıkar. Serginin en ilgi çeken parçaları arasında bulunan Anglo-Sakson hazine, 1939 yılında **Sutton Hoo**'dan (Oda 41) çıkarılan define, harika oyma **Lewis Chessmen** (Oda 40) ve 2.000 yıllık vücudu neredeyse mükemmel şekilde bir kömür bataklığında korunmuş olan **Lindow Man** (Oda 50) vardır. Sutton Hoo hazinesi bronz ve lal ile süslenmiş nadir bir miğferi de içerir. İskoçya'nın Lewis adasında 1831 yılında bulunan satranç takımı Norveç morslarının azı dişlerinden ve balina dişlerinden M.S 1150 yılı civarında oyulmuştur.

Sutton Hoo'da bulunan bu miğfer 500 parçanın birleştirilmesi ile oluşturulmuştur.

■ Orta Doğu

Orta Doğu galerilerinde (Oda 52 – 59) dünyanın en erken yazıtlarından **Sümer işaretleri** ile yazılmış olan ve M.Ö 3000 yılından kalma ticaret kayıtlar vardır. Sümerli Asil Ur'un Kraliyet Mezarı günümüzde modern Irak'ta bulunmuştur ve M.Ö üçüncü yüzyılın ortalarına uzanmaktadır. Bedeni ile birlikte gömülen objelerin arasında antik bir masa oyunu olan **Ur'un Kraliyet Oyunu** (Oda 56) vardır.

■ Çizimler & Basımlar

Müzede en az 50.000 çizim ve iki milyondan fazla baskıdan oluşan Rönesans'tan modern günümüze kadar ulaşan bir koleksiyon vardır. Dürer, Michelangelo, Rembrandt ve Goya'nın eserlerini görmek için Oda 90'a gidin. Objeler dönüşümlü bir sergi halinde gösterilmektedir, ancak her zaman muhteşem bir şeyin sergide olacağına güvenebilirsiniz.

Great Russell St., WC1 • www.britishmuseum.org • 020 7323 8299 • 1 Ocak ve 24 – 26 Aralık tarihlerinde kapalıdır. • Metro: Tottenham Court Road, Holborn veya Russell Square

BLOOMSBURY

Edebiyat Şehri

1857 yılında açılan British Museum okuma odası (bkz. s. 121) Bloomsbury'i Londra edebiyat sahnesinin merkezine koymuştur. Odayı pek çok yazar kullanmıştır ve bu isimlerin arasında devrimci Karl Marx ve Vladimir Lenin, yazar Charles Dickens ve Oscar Wilde gibi ünlüler vardır. Bloomsbury edebi bir geçmişe sahip olan tek yer değildir, bu yüzden şehir boyunca ünlü insanların yaşamış veya çalışmış oldukları yerleri gösteren dairesel mavi tabelalara bir göz atın.

EDEBİYATIN **MAVİ PLAKETLERİ**

Agatha Christie,
58 Sheffield Terrace, W8

Daniel Defoe, 95 Stoke Newington Church St., N16

George Eliot,
3 Cheyne Walk, SW3

Ian Fleming,
22 Ebury St., SW1

Aldous Huxley,
16 Bracknell Gardens, NW3

Henry James,
34 De Vere Gardens, W8

Rudyard Kipling,
43 Villiers St., WC2

Herman Melville,
25 Craven St., WC2

George Orwell,
50 Lawford Rd., NW5

Sylvia Plath,
3 Chalcot Sq., NW1

George Bernard Shaw,
29 Fitzroy Sq., W1

İngilizce Sözlüğün Doğum Yeri

British Museum ilk açıldığında İngiliz dili hâlâ geliştiriliyordu. **17 Gough Square**'deki (bkz. s. 110) evinden Samuel Johnson ilk büyük İngiliz sözlüğünü 1748 ve 1759 yılları arasında derlemiştir. Johnson'ın büyük bilgeliğine rağmen yine de bazı bariz hatalar vardır. Kendisine "pastern" kelimesini neden atın ayağı yerine bileği olarak tanımladığı sorulduğunda, "cahillik madam, sadece cahillik" diye cevap vermiştir. Yine de büyük bir başarı olmuş ve neredeyse 200 yıl önde gelen İngilizce sözlük olarak kabul edilmiştir.

Dickens Londra'sı

William Shakespeare (bkz. s. 80–81) İngiltere'nin en büyük yazarı olarak övülse de, Bloomsbury sakini Charles Dickens Londra ile en çok özdeşleşen yazarlardan biridir. Romanları 19. yüzyıl Londra'sının görüntüsü, sesleri, kokuları, görülecek yerleri ve köprüleri geçen kalabalıkları, memurları, kâtipleri, terzileri, dans ustaları, yan kesicileri, hayat kadınları, avukatları, hanımefendileri, baronları gibi detaylar ile canlandırılmışlardır. Bugün çok kullanışlı görünen pek çok yer Viktorya çağında karanlık bir tarihe sahipti. Örneğin **Holborn**'daki Saffron Hill, *Oliver Twist*'te Fagin'in çetesini yönettiği yer; **Southwark** gecekonduların ve depoların semtiydi ve **Covent Garden**'daki adı çıkmış Seven Dials kirli fakirlerin ve acımasız suçluların semtiydi. Dickens'ın pek çok Londra evinden sadece *The Pickwick Papers*'i tamamladığı, *Oliver Twist*'i yazdığı ve *Nicholas Nickleby*'ı yazmaya başladığı **48 Doughty Street** *(www.dickensmuseum.com, 020 7405 2127, ££)* günümüze kadar ulaşmıştır.

20. Yüzyıl Bohemleri

British Museum etrafındaki alan (bkz. s. 120 – 123) Londra'daki en ünlü edebiyat çevrelerinden birine adını verir: Bloomsbury Group. Roman yazarı Virginia Woolf ve E. M. Forster, ekonomist John Maynard Keynes, biyografist Lytton Strachey, sanatçı Roger Fry ve şair Clive Bell **46 Gordon Square**'de, 1905 yılında insan ilişkileri ve güzel objelerden zevk alma gibi konularda konuşmak için burada buluşmaya başlamıştır. İlgi alanları sıklıkla değişirdi ama hepsi Viktorya dönemi değerlerine karşı isyankârdı ve seks ile eşitlik konularında modern tavırların gelişmesine yardımcı olmuşlardı.

St. Clement Danes'de, evinin dışındaki eskiden kedisinin dolaştığı yerde Samuel Johnson'ın heykeli vardır.

DEVRİMCİ **YAZARLAR**

Londra devrimci düşünürler için bir cennetti. *Communist Manifesto*'nun yazarı Karl Marx 1849 yılında buraya taşınmış ve ailesi ile **28 Dean Street**'te yaşamış ve British Museum Okuma Odasında çalışmıştır. Vladimir Lenin günlüğü Iskra'yı 37a Clerkenwell Green'de yazmıştır ve burası şimdi **Marx Memorial Library**'nin *(www.marx-memorial-library.org, 020 7253 1485, Pazartesi – Perşembe arası 13.00 – 14.00 arasında açıktır)* evidir.

BLOOMSBURY

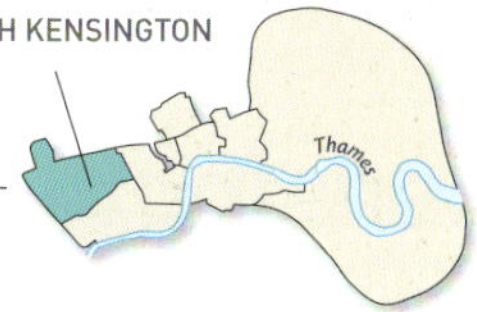

Kensington & South Kensington

Hyde Park'ın batısındaki Kensington (South Kensington tamamıyla ayrı bir bölgedir) Gotik tarzdaki müzeler, parklar, bahçeler ve beyaza boyanmış Viktorya kasaba evleri ile doludur. Kensington'ın Royal Borough ile Chelsea'nin bir bölümü olan bölgenin kraliyet bağlantıları 17. yüzyıla kadar uzanır. Geleceğin Kraliçe Victoria'sı 1819 yılında Kensington Palace'da doğmuştur. Eşi Prens Albert South Kensington'ı İngiltere kalabalıklarını 19. yüzyılda aydınlatan eğitici bir merkeze çevirmiştir. Üç dünya standartlarında müze buradadır; Natural History Museum, Science Museum ve Victoria and Albert Museum. Süslü Royal Albert Hall büyük uluslar arası orkestraların ve sanatçıların konserlerine ev sahipliği yapar.

◀ Kensington Palace'ın Merasim Elbise Koleksiyonu kraliyet ailesinin giydiği tarihi resmi kıyafetleri sergiler.

Kensington & South Kensington

Londra'nın eğitim hayatının kalbi görkemli Viktorya dönemi binalar ve harika parklar ile doludur.

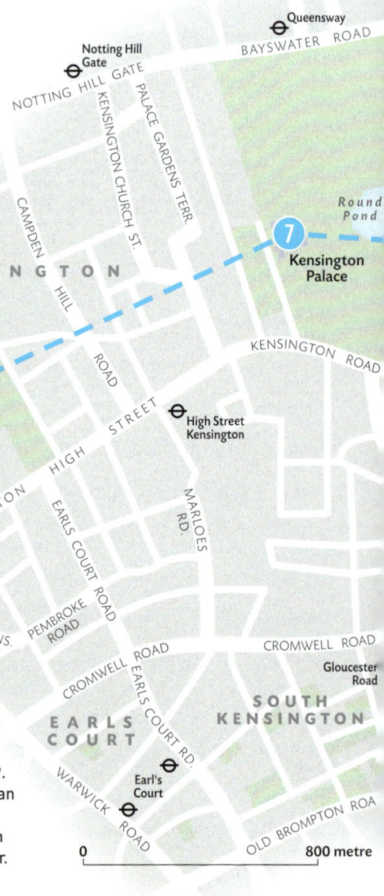

❼ Kensington Palace (bkz. s. 134) Kraliyet ailesinin üyeleri bu saraydaki özel dairelerde otururlar ama lüks devlet odaları halkın ziyaretine açıktır. Kensington High Street boyunca batıya, Holland Park'a ilerleyin.

❽ Holland Park (bkz. s. 135) Holland Park'daki Kyoto Garden son baharda oldukça renklidir. Parkı Ilchester Place çıkışından terk edin ve Holland Park Road'a dönün.

❾ Leighton House Museum (bkz. s. 135) Londra'nın en güzel 19. yüzyıl iç tasarımlarından biridir ve sanatçı Frederic Lord Leighton tarafından yaratılmıştır.

KENSINGTON & SOUTH KENSINGTON – MESAFE: 6,5 KİLOMETRE
SÜRE: TAHMİNEN 8 SAAT METRO BAŞLANGICI: SOUTH KENSINGTON

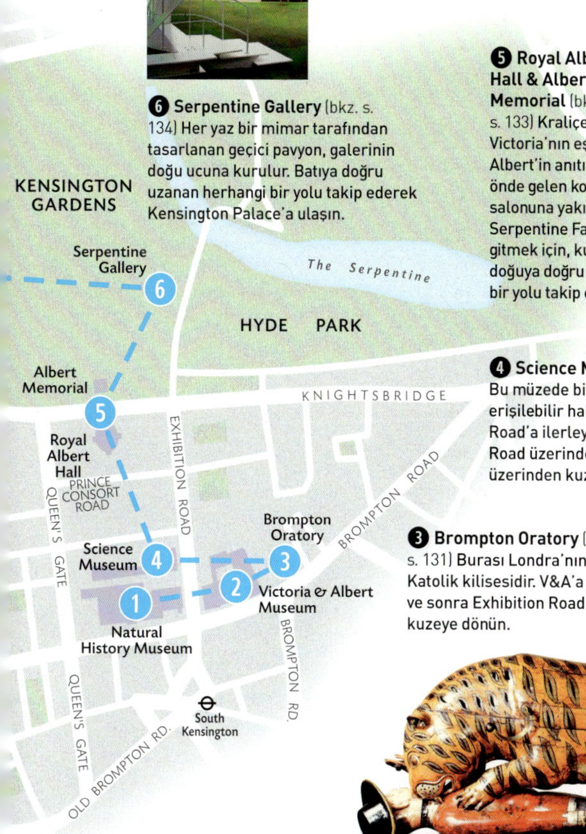

6 Serpentine Gallery (bkz. s. 134) Her yaz bir mimar tarafından tasarlanan geçici pavyon, galerinin doğu ucuna kurulur. Batıya doğru uzanan herhangi bir yolu takip ederek Kensington Palace'a ulaşın.

5 Royal Albert Hall & Albert Memorial (bkz. s. 133) Kraliçe Victoria'nın eşi Prens Albert'in anıtı Londra'nın önde gelen konser salonuna yakındır. Serpentine Fallery'e gitmek için, kuzey doğuya doğru herhangi bir yolu takip edin.

4 Science Museum (bkz. s. 132–133) Bu müzede bilim interaktif sergiler ile erişilebilir hale getirilmiştir. Exhibition Road'a ilerleyin, sonra Prince Consort Road üzerinden batıya ve Kensington Gore üzerinden kuzeye dönün.

3 Brompton Oratory (bkz. s. 131) Burası Londra'nın en zengin Katolik kilisesidir. V&A'a geri dönün ve sonra Exhibition Road'a doğru kuzeye dönün.

1 Natural History Museum (bkz. s. 136–137) Dinozorlardan Darwin'e kadar bir zamanlar yaşamış olan canlıların tarihini keşfedin. Cromwell Road üzerinden doğuya ilerleyin.

2 Victoria and Albert Museum (bkz. s. 130–131) Tasarım ve sanatı keşfedin ve Tipu Sultan'ın kaplanı gibi eserlere bakın. Brompton Oratory hemen bitişiktedir.

Natural History Museum

1 Bkz. s. 136 – 137

Cromwell Rd., SW7 • www.nhm.ac.uk • 020 7942 5011 • 24 – 26 Aralık tarihlerinde kapalıdır. • Metro: South Kensington

Victoria and Albert Museum

2 Müzeye abartılı bir biçimde oyulmuş Cromwell Road girişinden girin. Level 1'de ki **Jameel Gallery** Orta Doğu'dan İslam objeleri sergiler ve bunların arasında dünyanın en eski halısı vardır; 16. yüzyıl ortasından kalan **Ardabil Carpet**. 10,5 metreye 5 metre olan sade ama zarif tasarımlı halı en iyi klasik İran halılarından biri olarak kabul edilir. 300 yıldan daha uzun bir süre önce İran'ın kuzey batısındaki Ardabil şehrinde bulunan bir Sufi türbesi için yapılmıştır. Ayrıca Level 1'de bulunan **Raphael Cartoon Court** ve **Cast Courts** Rönesans ustanın Roma'daki Sistine Şapeli için yapılmış olan goblenlerin bo-

V & A'in sıva alçılarından oluşan koleksiyonu Avrupa heykellerinin bir tanıtımıdır.

yalı tasarımları sergilenmektedir. İkincisinde Roma zamanlarından 19. yüzyıla kadar heykel ve oymaların eşsiz ve gerçek boyutlu alçı örnekleri vardır. Serginin yıldızı Michelangelo'nun başyapıtı **David** eserinin alçı kopyasıdır.

Level 2'de bulunan **Medieval** ve **Renaissance galerileri** lüks ürünler, baskılar ve mine eserleri gibi temaları sergiler. Burada da 15. yüzyıl İtalyan bilgesi Leonardo da Vinci'nin not defterleri vardır. Ziyaretçiler sanatçı, kâşif ve heykeltıraşın yaratıcı tasarımlarını içeren notlarına bakabilirler. Galeride ayrıca Rönesans dönemi uzmanı heykeltıraş Donatello'nun sıra dışı bir koleksiyonu bulunur. Bu eserler arasında sanatçının 1456 yılında ödeme olarak doktoruna verdiği Bakire Meryem ve bebek İsa'nın oyma bir madalyonuna konu olan "**Chellini Madonna**" eseri de yer alır.

Level 4'deki **British Galleries 1760 – 1900**, tarihi İngiliz dekoratif objelerini ve mobilyaları sergiler. Tüm odalar yıkılmış evlerden alınmış ve yeniden yapılmıştır. Bunların arasında bulunan boyalı çam oyması **Strawberry Room** (Oda 120) 18. yüzyıl sonu Gotik uyanış stilinin nadir bulunan bir örneğidir.

Cromwell Rd., SW7 • www.vam.ac.uk • 020 7942 2000 • 24 – 26 Aralık tarihlerinde kapalıdır. • Metro: South Kensington

Brompton Oratory

3 Mermer sütunlar, barok heykeller ve geniş kubbeler Brompton Oratory'i Londra'nın en zengin dekore edilmiş binalarından biri haline getirir. 1884 yılında kutsanmış olan bina 29 yaşındaki İngiliz mimar Herbert Gribble tarafından tasarlanmıştır ama heykellerin çoğu baroktur ve bunların arasında bulunan Twelve Apostles (oniki havariler) 17. yüzyıla dayanır ve İtalya Siena'dan getirilmiştir. Orijinal olarak Brescia'daki kilise için yapılmış olan **Lady Altar** başka bir 17. yüzyıl İtalya ithalatıdır. Hem besteci Edward Elgar, hem de film direktörü Alfred Hitchcock burada evlenmişler ve KGB ajanları bu kiliseyi Soğuk Savaş boyunca mesajlaşmak için kullanmışlardır.

Brompton Rd., SW7 • www.bromptonoratory.com • 020 7808 0900 • Metro: South Kensington

Science Museum

4 Zemin kattaki galeriye **Making the Modern World** adı verilir ve 1750 yılından günümüze uzanan teknolojik ve bilimsel gelişmelere adanmıştır. Burada George Stephenson'ın 1829 yılı lokomotifi ***Rocket*** dâhil buharlı motorların en erken dönem örneklerini bulabilirsiniz. İlgi çekici diğer eserler arasında tekstil üretiminde devrim yapan Richard Arkwright'ın 1769 yılı iplik makinesi de vardır. 1935 yılından kalma tozu ilaca dönüştüren penisilin kalıbı ve 1953 yılında biyologlar Francis Crick ve James Watson'ın DNA'nın yapısını açıklamak için kullandıkları çift helezon modeli bulunur.

Ayrıca zemin kattaki **Exploring Space** roketleri, uzay sondaları ve 1957 yılında uzaya gönderilen Sputnik 1'den beri kullanılan iniş araçlarını tanıtır. En ilgi çekici eserler arasında Apollo'nun aya gidişini sağlayan J-2 roket motorunun örneği bulunur. Sergide uydular

1935 yapımı uçak Science Museum'un Making the Modern World galerisinde sergilenenlerden biridir.

ve uzay enkazlarının yanı sıra 1969 yılında Neil Armstrong ve Buzz Aldrin'in aya iniş için kullandığı *Eagle* modülü de vardır. Çocuklar için interaktif **Spaced Out Tour** astronotların bir tuvaletin yokluğu ile nasıl baş ettikleri gibi konuları açıklar.

Who Am I? birinci kattaki tamamen interaktif olan bir galeridir ve ziyaretçileri insan varlığının eşsizliğini veya başka bir deyişle sizi siz yapan şeyleri anlatır. İnsanların neden Dünya'nın en başarılı türü olduğunu ve hafıza ile ilişkilerin kişiliğimizi nasıl şekillendirdiğini anlatırken, yaşlandığınızda nasıl görüneceğinizi ve sesinizin nasıl olacağını görebilirsiniz.

Exhibition Rd., SW7 • www.sciencemuseum.org.uk • 020 7942 4000 • 24 – 26 Aralık tarihlerinde kapalıdır. • Metro: South Kensington

Royal Albert Hall & Albert Memorial

5 Tasarımında antik Roma anfitiyatrosundan ilham alınan Royal Albert Hall'ın harika dekore edilmiş kırmızı tuğla binası dünyanın en büyük klasik konser dizileri ile ünlüdür; BBC Proms. Frank Sinatra, Bob Dylan ve Paul Simon gibi pek çok rock ve pop yıldızı Albert Hall'da da sahne almıştır ve Beatles ile Rolling Stones'un aynı afişte yer aldığı tek yerdir. Kensington Gardens'ın karşısındaki salona bakan 55 metrelik **Albert Memorial** Kraliçe Victoria'nın eşi Prens Albert'ı anar. Zengin bir gölgelik prensin yaldızlı heykelini kaplarken, anıtın çevresini süslü bir şekilde oyulmuş alegorik figürler ve frizler büyük sanatçıları, heykeltıraşları, mimarları, şairleri ve müzisyenleri tasvir eder.

Kensington Gore, SW7 • www.royalalberthall.com • 0845 401 5045 • Metro: South Kensington

YEMEK YENECEK EN İYİ YERLER

■ BYRON (KENSINGTON)
Bu ufak hamburger zincirinin Kensington şubesi Londra'nın en iyi Aberdeen-Angus burgerlerini sunar. **222 Kensington High St., W8, 020 7361 1717, £££**

■ CRÉMERIE CRÊPERIE
South Kensington metro istasyonu ile ana müzelerin arasında bulunan bu ufak cafede continental kahvaltılar, krepler ve wafflelar vardır. **2-6 Exhibition Rd., SW7, 020 7589 8947, £**

■ THE V&A CAFÉ
Londra'nın en iyi ve en eski müze cafesi güzel bir el sanatları odasındadır. Self-servis tezgahda geniş bir sıcak yemek, salata ve sandviç seçeneği vardır. **Victoria and Albert Museum, Cromwell Rd., SW7, 020 7942 2000, ££**

■ WHOLE FOODS MARKET
Bu devasa emporyumda piknik için yemek alabilir veya 11 barından ve dört masaya servis restoranından birini seçebilirsiniz. **63-97 Kensington High St., W8, 020 7368 4500, ££**

Serpentine Gallery

6 Kensington Gardens'ın eski çay odası bugün Londra'nın en iyi modern sanat galerilerinden birine ev sahipliği yapmaktadır. Serpentine Gallery geçici sergilere ev sahipliği yapar ve Ian Hamilton Finlay tarafından hazırlanan ve girişin hemen dışındaki alana kurulmuş olan galerinin eski müşterisi Galler Prensesi Diana'yı anan kalıcı bir sergisi de vardır. Galeri Gilbert & George, Damien Hurst, Andy Warhol ve Henry Moore gibi isimlerin sergilerini sunar. Her yaz önde gelen uluslar arası bir mimar modern bina tekniklerini sergileyecek olan büyük bir çadır kurması için seçilir ve ortaya çıkan, radikal ve heyecan verici yapıtlar sonuçlar kalabalıkları kendine çeker.

Kensington Gardens, W2. • www.serpentinegallery.org • 020 7402 6075 • Sergiler arasında kapalıdır. • Metro: South Kensington

Kensington Palace

7 Kral III. William ve Kraliçe II. Mary 1689 yılında bu güzel kırmızı tuğla konağı almıştır ve Sir Christopher Wren burayı kraliyet standartlarına göre tekrar tasarlamıştır. William astım hastasıydı ve Kensington köyü Thames'ın dumanlı ve nemli havasından uzaktaydı, ayrıca batı Londra'daki Hampton Court sarayından daha kullanışlıydı. Sarayda en ilgi çeken Almanya ormanlarından yabani bir çocuk olan Peter ve kralın Polonyalı içoğlanı Ulric de dâhil Kral I. George'un ve saray halkının resmedildiği **King's Staircase**'dir. Merdivenler **devlet dairelerine** ve Kraliçe Victoria'nın doğduğu ve 18 yıl sonra tahta çıktığı **kraliyet odalarına** ulaşır. Daha kısa bir süre önce Kensington Palace Galler prensi ve prensesi olan Charles ile Diana'nın düğün eviydi. Boşandıktan sonra ve öldüğü 1997 yılına kadar Diana burada kalmıştır. **Sunken Gardens**'lar **Hampton Court**'ta dayanmaktadır. Zemin **Orangery**'deki teras ve cafeye ev sahipliği yapmak için yoğun bir onarım sürecinden geçmiştir.

Kensington Gardens, W8 • www.hrp.org.uk • 0844 482 7777 • ££££ • 24 – 26 Aralık tarihlerinde kapalıdır. • Metro: High Street Kensington veya Queensway

Holland Park

8 Bu sakin 22 hektarlık park Kensington High Street'in batı ucuna kadar uzanır ve Londra'nın en romantik yeşil alanlarından biridir. Merkezinde 1605 yılında yapılan ve 2. Dünya Savaşı bombardımanı sırasında yıkılan büyük Jacobean konağının kalıntıları vardır ve şimdi burası bir öğrenci yurdudur. Her yaz Holland House yanındaki büyük bir çadır o mevsimin operasını sunmak için kurulur. Park, tiz çığlıkları bahçelerde yankılanan alımlı tavus kuşlarının evidir ve buna sakin Japon bitki ve dekorasyonunu barındıran **Kyoto Garden**'da dâhildir. Cafe tüm gün boyunca atıştırmalıklar sunar ve **Orangery** ile **Ice House** geçici sanat sergilerini barındırır. Aileler için parkta ayrıca Londra'nın en iyi çocuk macera oyun alanı vardır.

Parka Kensington High St.,'den girin, W8 • www.operahollandpark.com • Metro: Kensington (Olympia), High Street Kensington veya Holland Park

Leighton House Museum

9 Kensington'daki bu sessiz yan sokakta bulunan egzotik konağı Viktorya dönemi sanatçısı Frederic, Lord Leighton (1830 – 1896) inşa ettirmiştir. Buranın başyapıtı harika mavisi ile Iznik dâhil binlerce fayans ile kaplı olan **Arab Hall**'dur. Bu parçaları Leighton Osmanlı İmparatorluğundan getirtmiş ve ayrıca Suriye ile Mısır'dan gelen ahşap kafesli paneller de vardır. Lord unvanı verilen ilk sanatçı olan Leighton, yaşadığı 30 yıl boyunca burayı sanat eserleri ve heykellerle dolu bir saraya çevirmiş ve kendi yaptığı 80 yağlı boya tablonun yanısıra arkadaşları olan Pre-Raphaelites sanatçılarının-da tabloları vardır.

12 Holland Park Rd., W14 • www.rbkc.gov.uk • 020 7602 3316 • ££ • Salı günleri, 1 – 2 Ocak ve 25 – 28 Aralık tarihlerinde kapalıdır. • Metro: Kensington (Olmypia) veya Holland Park

Harika Arab Hall'un Leighton House'unu süsleyen mozaiklerde bir kedi tavus kuşuna bakıyor.

Natural History Museum

Katedral benzeri galeriler dünyanın en büyük ve en büyüleyici doğal tarih müzesine ev sahipliği yapar.

Diplodocus dinozorunun model iskeleti büyük Central Hall'a hâkimdir.

Devasa dinozor fosillerinden, mikroskobik koleksiyonlara kadar Natural History Museum'un koleksiyonu 70 milyondan fazla örnekten oluşmaktadır. Burada bir dodo'nun (nesli tükenmiş kuş) onarılmış kafatasından günümüze ulaşmış birkaç kalıntısına, ilk insanların fosillerinden gerçek boyutuyla bir mavi balinaya kadar pek çok şey bulabilirsiniz. 1880'li yıllarda tamamlanmış olan binanın kendisi bir neo-Romanesk mimari başyapıtıdır. Her biri farklı bir alana odaklanmış olan dört bölüme ayrılmıştır; Green, Blue, Red ve Orange.

■ Green Zone

Central Hall dâhil, bu alan gezegenin ekolojisine bir bakış atar. En ilgi çekici noktalar arasında **Creepy Crawlies gallery**, deniz canlılarının fosilleri ve ilk kuş olan *Archaeopteryx*'den modern sinekkuşuna kadar kuş örnekleri bulunur. 1. kattaki ilk insan benzeri canlı olan **Lucy**'nin beş milyon yıllık küçük iskeletinin kopyasını mutlaka görün.

■ Blue Zone

Central Hall'un solundaki ve zemin kattaki bu alana büyük bir dinozor olan **Triceratops iskeleti** ve 15 cm.'lik dişleri ile bir **Tyrannosaurus-Rex** modeli hâkimdir. Memeli galerisinde tüm dinozorlardan daha büyük olan mavi balinanın askıya alınmış modelini görebilirsiniz.

■ Red Zone

Exhibition Road'daki girişten ulaşılan bu alan Dünya'yı şekillendiren güçlere odaklıdır. Sergide gezegendeki en eski kaya (3.85 milyar yıllıktır), floresan mineralleri ve Apollo 16 görevinden geriye getirilen ay taşı vardır. Ara kattaki interaktif **Earth Lab**'da sorularınızı cevaplamaya hazır elemanlar bulabilirsiniz. 2. katta volkanik patlamaları izleyebilir ve 1995 yılındaki Kobe depreminin bir markette canlandırılmasını görmek için simülasyon aracına binebilirsiniz.

İPUCU

Green Zone'un bir ucuna sıkıştırılmış **Vault**, harika taşlardan, metallerden ve meteor taşlarından oluşan bir koleksiyonu sergiler. Koleksiyonun yıldızları arasında doğal taşlı elmaslar ve 1911 yılında Mars'tan Mısır'a düşmüş olan Nakhla meteoru vardır.

■ Orange Zone

Bu alana Blue Zone yardımıyla ulaşılır. Bir sanat eseri olan **Darwin Centre** bir koza şeklinde inşa edilmiştir. Asansör ile 7. kata çıkın ve sonra yüzlerce bitki ve böcek örneğini görmek için yürüyüş yolundan aşağıya inin. Ayrıca interaktif aktivitelere katılabilir ve çalışan bilim insanlarını ziyaret edebilirsiniz. Zemin kata geldiğinizde **Attenborough Studio**'yu ziyaret ederek filmler izleyebilir, çalışanlarla konuşabilir ve bir piton ya da tarantula gibi canlıları tutabilirsiniz.

Cromwell Rd., SW7 • www.nhm.ac.uk • 020 7942 5011 • 24 – 26 Aralık tarihlerinde kapalıdır.
• Metro: South Kensington

Parklar & Bahçeler

Kraliyet Parkları, varlıklarını hükümdarların şehirdeki saraylarında ikâmet ederken bile sürekli avlanma meraklarına borçludurlar. 19. yüzyılda geniş, kırsal inziva alanlarıyla yeniden oluşturulan kent parkları, yasal olarak gelişmemiş çorak ve ormanlık alanları da korumaktadır. Nüfus yoğunluğu Paris'in veya New York'un yarısı kadar olan Londra, bu geniş yeşil alanların cömert kaynağına müteşekkirdir.

Atlılar Hyde Park'da ki Rotten Row'u (yukarıda) kullanır. St. James Park'da (sağda) nehre bakan doğu manzarası William Kent'in Horse Guards binalarını görür.

Royal Parks

Orta çağ döneminde, Londra ilk kez şehir duvarları tarafından çevrelendiğinde şuan metropol olan alanın çoğunluğu ormandı. Av, kralların şehir büyüdükçe terk etmekte isteksiz oldukları popüler bir takipti. Avcılık krallar tarafından sevilen bir spor haline gelmişti. 1532 yılında Kral 8. Henry Westminster Abbey'den şimdi St. James's Park olan alana el koyup, kendi eğlencesi için, müsadere etmiştir ve burayı geyikler ve diğer oyunlar için gerekenlerle doldurmuştur. Dört yıl sonra kral Hyde'daki malikaneyi almış ve burayı şimdiki **Hyde Park**'a dönüştürmüştür. Daha sonra ilerideki **Richmond Park** ve **Greenwich Park** sırasıyla 15. ve 17. yüzyılda buraya dâhil edilmişlerdir.

Kral I. Charles kraliyet parklarını halka açan ilk kraldı ve kraliyet halkını 1637 yılında Hyde Park'a kabul etmişti. 1730'da Kral II. George'un eşi Kraliçe Caroline Hyde Park'daki kıvrımlı **Serpentine** gölünü yaratmıştır. Ayrıca Serpentine'in batı yakasındaki **Kensington Gardens**'ın planını da belirlemiş. 1872 yılında Parlamento Hyde Park'ın kuzey ucunda insanların ne kadar yıkıcı olursa olsun kendi düşüncelerini söyleyebilecekleri bir yer belirlemiştir ve burası **Speaker's Corner** olarak bilinmeye başlamıştır. Parkın güney batı ucunda **Diana, Pricess of Wales Memorial Fountain** Amerikalı Kathryn Gustafson tarafından tasarlanmıştır ve popüler bir yerdir.

Halka Açık Parklar

Belediye parkları ilk olarak Victorya döneminde, hızla büyüyen şehrin artan nüfusuna bir cevap olarak yapılmıştır. İlk park 1841 yılında doğuda açılmış olan **Victoria Park**'dır. Şehrin diğer taraflarında geniş funda ve ağaçlık alanlar hızla büyüyen şehirde bina dikenlere karşı korunmuştur. Bunların en ünlüleri olan **Hampstead Heath** spor aktiviteleri, yürüyüş yolları, sessiz köşeleri ve kültürel olayları ile Londra'nın sevilen açık alanlarından biridir.

PARK PERFORMANSÇILARI

Holland Park Her yaz açık hava opera konserleri sunar. **Kensington High Street veya Holland Park, W8, www.operahollandpark.com**

Hyde Park'da Hard Rock Calling ve Wireless festivalleri gibi müzik eğlenceleri ile dünyaca ünlü sanatçılar sahne alır. **Hyde Park, W2, www.royalparks.gov.uk**

Regents Park Açık hava tiyatrosu yaz boyunca oyunlar sergiler. **Regents Park, NW1, www.royalparks.gov.uk**

Victoria Park Hafta sonları yaz boyunca müzik konserleri yapılır. **Hackney, E9, www.towerhamlets.gov.uk**

Akşamüstü Çayı

15.00 ile 17.00 saatleri arasında sunulan çay, zarif çin porselenleri, süslü peçeteler ve nefis çayların yanındaki lezzetli kekler ve mükemmel sandviçler ile lüks bir etkinlik olabilir. Londra'da da ünlü olan ve kaçırmamanız gereken bir İngiliz geleneği olup, tiyatro öncesi mükemmel bir keyiftir.

■ Yüksek Kalite Çay

Kraliyet odalarında çay içmek için Kensington Palace'ın 18. yüzyıl **Orangery**'sinde *(Kensington Palace, W8, 020 3166 6122, ££)* seçeceğiniz on farklı çayı ev yapımı kek veya sandviçler eşliğinde içebilirsiniz.

Resmi çay uzmanı **The Lanesborough** *(Hyde Park Corner, SW1, 020 7259 5599, ££££)* Dragon Well yeşil çayı veya tadına ulaşması için 17 yıl boyunca dinlendirilen Wild Tuo Cha gibi egzotik seçenekler arasında seçim yapmanıza yardımcı olur. Victoria'daki **The Goring** *(Beeston Pl., SW1, 020 7396 9000, ££££)* resmi İngiliz çayının yanı sıra fırından yeni çıkmış kremalı ve reçelli Devonshire çörekleri sunar.

Hem **Ritz** *(150 Piccadilly, W1, 020 7300 2345, ££££)* hem de Mayfair'deki **Brown's Hotel** *(Albermarle St., W15, 020 7493 6020, ££££)* lezzetli sandviçler, çörekler ve üç katlı kek standındaki pastaların yanı sıra eğer isterseniz şampanya da sunar. Brown's da eğer isterseniz bir tea-torial için rezervasyon yaptırabilir ve otelin pasta şefinden tatlı tarifleri öğrenebilirsiniz. Mayfair'deki **Connaught's** *(Carlos Pl., W1, 020 7107 8861, ££££)* şık ve şaşırtıcı akşam üstü çayının yüzyıllık geleneğine birkaç gurme lezzet ekler. Bunların arasında ahududu ve menekşe reçelli ile wasabi kremalı fümelenmiş somonlu parmak sandviçler vardır.

■ Müzenin Çay Odası

National Gallery'de *(Trafalgar Sq., WC2, 020 7747 2490, ££)* çay içmek yerel malzemeler ve ev yapımı reçeller ile tamamen bir İngiliz deneyimidir. Komşusu olan **National Portrait Gallery**'nin *(St. Martin's Pl., WC2, 020 7312 2490, ££)* en üst katında panoromik Londra manzarası eşliğinde çay içebilirsiniz. Marylebone'daki **Wallace Collection** *(Manchester Sq., W1, 020 7563 9505, ££)* en iyi Fransız tablolarından bir kaçını, porselenleri ve Fransa hariç her yerden gelen mo-

Çörekler, reçelli tartlar ve krema dolu süngerimsi kekler akşamüstü çayının düzenli eşlikçileridir.

bilyaları sergiler. Akşamüstü çayı da Fransız stilindedir, ayrıca foie gras, somon tartare ve Fransız hamur işleri ile sunulmaktadır.

■ Moda Çaylar

Londralılar Piccadilly'deki **Sketch** *(9 Conduit St., W1, 020 7659 4500, £££)* için haftalar öncesinden randevu alırlar. Burası hem sanata hem de yemeğe adanmıştır. Ama daha gündelik bir yer olan Parlour galerisi için rezervasyon gerekmez ve burası da akşamüstü çayı sunar. Renkli macaronların tadına bakarken geçen moda uzmanları için gözünüzü açık tutun. Daha da az geleneksel ancak aynı derecede moda olan bir deneyim için Mayfair'deki **The May Fair**'de *(Stratton St., W1, 020 7915 3894, £££)* akşam üstü sunulan "kokteyl ve cupcakesleri" kaçırmayın. Aile için çay içmeye uygun bir yer olmayabilir ama barın çaydan esinlenmiş kokteylleri ve onlarla eşleşen cupcakesleri kaçırılmaması gereken bir deneyimdir.

■ Değerli Çaylar

Çiçekli duvar kağıdı ile **Bea's of Bloomsbury** *(44 Theobalds Rd., WC1, 020 7242 8330, ££)* bir fırın cennetidir ve renkli keklerle lezzetli brownielere adanmıştır. Ayrıca harika akşam üstü çayını büyük otellerin yarı fiyatına sunar.

CHELSEA POTTER
CHELSEA POTTER

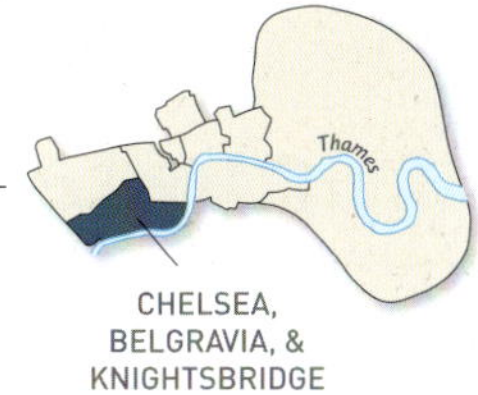

Chelsea, Belgravia, & Knightsbridge

Bu üç mahalle Londra'nın zenginlerinden bazılarına ev sahipliği yapar. Sokaklar şık butikler ve Londra'nın en seçkin alışveriş merkezi Harrods dâhil lüks mağazalar ile doludur. Bu lüks tüketim, zarif kiliseler, ordu gazileri için bir hastane ve bitkilerin iyileştirme güçlerine adanmış 17. yüzyıl bahçeleri ile yan yanadır. Viktorya döneminde Chelsea sanatçıların merkeziydi ve semtin Whistler, Rossetti ve Turner gibi sakinlerinin eserleri Tate Britain'de görülebilir. Bugün modern sanatın akımlarını Saatchi Gallery belirler. Edebiyat figürleri de burada yaşamıştır: "sage of Chelsea" olarak da bilinen sosyal eleştirmen Thomas Carlyle'ın evini ziyaret edebilirsiniz.

◀ Jimi Hendrix ve Rolling Stones gibi Swinging Sixties müzik idolleri King's Road'daki Chelsea Potter barının hayranları arasındaydı.

Chelsea, Belgravia, & Knightsbridge

Knightsbridge'deki lüks mağazaları gezerken galeriler ve kiliseleri de dolaşın ve Chelsea Physic Garden'da sakin bir molanın keyfini çıkarın.

❶ Harrods (bkz. s. 146–147) Her yanda lüksün hâkim olduğu Londra'nın en önemli mağazalarından birinden başlayın. Ayrılırken Brompton Road ve Knightsbridge üzerinden doğuya yürüyün ve sonra Wilton Place'den sağa dönün.

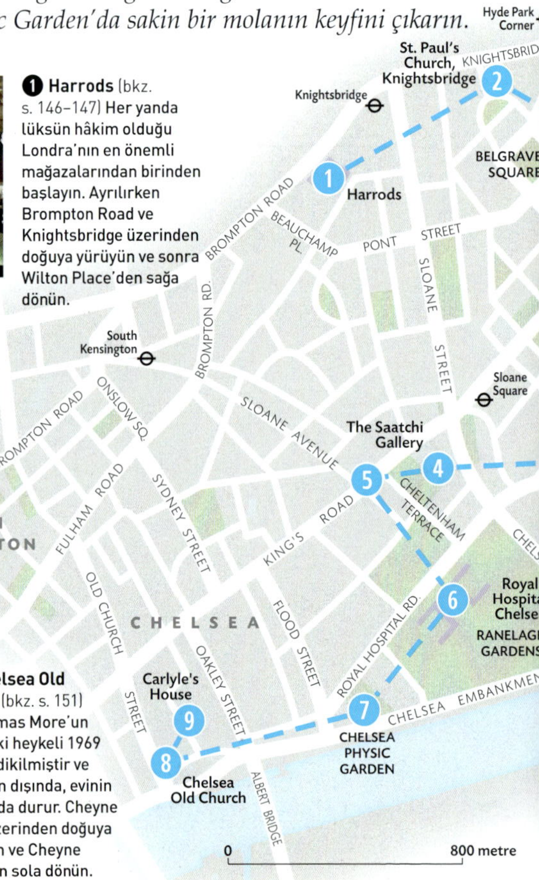

❾ Carlyle's House (bkz. s. 151) Chelsea'ye edebi ve sanatçı karakterini veren pek çok tanınmış kişiden biri olan Viktorya dönemi yazarı Thomas Carlyle'ın evini ziyaret edin.

❽ Chelsea Old Church (bkz. s. 151) St. Thomas More'un buradaki heykeli 1969 yılında dikilmiştir ve kilisenin dışında, evinin yakınında durur. Cheyne Walk üzerinden doğuya ilerleyin ve Cheyne Row'dan sola dönün.

CHELSEA, BELGRAVIA & KNIGHTSBRIDGE – MESAFE: 9,6 KİLOMETRE
SÜRE: TAHMİNEN 8,5 SAAT METRO BAŞLANGICI: KNIGHTSBRIDGE

❷ St. Paul's Church, Knightsbridge (bkz. s. 147) Victorya kilisesinin sade cephesi zengin bir iç mekânı saklar. Hyde Park Corner'dan metro ile Pimlico'ya gidin.

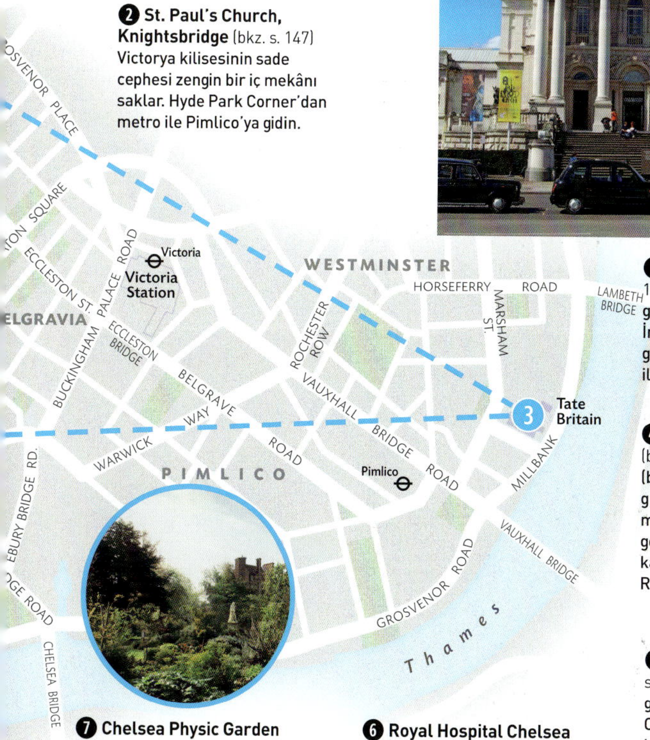

❸ Tate Britain (bkz. s. 152–153) 16. yüzyıldan günümüze uzanan en iyi İngiliz sanat eserlerini görün. Pimlico'dan metro ile Sloane Square'e geçin.

❹ Saatchi Gallery (bkz. s. 148) Saatchi Gallery (bkz s. 148) Münzevi reklam gurusu Charles Saatchi'nin modern sanat galerisini gezerken birkaç sürprizle karşılabilirsiniz. King's Road'dan batıya ilerleyin.

❺ King's Road (bkz. s. 148) Sloane Square'in güney batısından Chelsea'nin ana caddesine kadar uzanan ana yol asla demode olmaz. Cheltenham Terrace üzerinden güneye, Royal Hospital Road'a dönün.

❻ Royal Hospital Chelsea (bkz. s. 149) Kırmızı renkli Chelsea Emeklilerinin evini ziyaret edin. Burası ayrıca yıllık Chelsea Çiçek Sergisi'nin de evidir. Royal Hospital Road'un üzerinden batıya doğru devam edin.

❼ Chelsea Physic Garden (bkz. s. 150) Eski eczacıların şirketi tarafından bahçe iyileştirici bitkiler üzerine odaklanmıştır. Ayrılırken Royal Hospital Road üzerinden sola dönün ve Chelsea Embankment'den Old Church Street'e doğru batıya ilerleyin.

Harrods

1 Sloganı "All Things for All People Everywhere" (Her Yerde Bütün İnsanlar için Her Şey) olan Harrods bir yüzyıldan uzun bir süredir dünya çapındaki varlıklı müşterilerine lüks ürünler sunar. 1849 yılında Charles Henry Harrod tarafından kurulan ufak bir bakkal dükkânından genişleyen mağaza bugün son moda elbiseler, parfümler, lüks yemekler, elektronikler, mücevherler, mobilyalar, kırtasiye ürünleri, hediyelik eşyalar, mutfak malzemeleri, spor eşyaları (golf arabaları dâhil) ve hatta tavşanlar, hamsterler ve yavru köpekler bile satar. Burada sipariş ile takım elbise yaptırabilir veya kişisel bir alışveriş asistanı tutabilirsiniz. Zeytin yeşili üniforması ile kapıcı sizi içeri davet eder ancak uygun giyinmediğini düşündüğü kişileri kapıdan geri çevirir. Yedi katın her birinde yüzlerce departmanın parlayan ekranları dikkatinizi ürünlere çekmek için yarışır. En ilgi çekici yer olan **Food Hall**'da (Gıda Reyonu) 19. yüzyıl heykeltıra-

Harrods'ın gıda reyonları sanatsal bir şekilde sergilenen balık, istiridye ve havyar seçenekleri ile alışverişçileri kendine özendirir.

şı W. J. Neatby'ın yaptığı mozaikler ve karoları görebilirsiniz, burada sanatsal bir şekilde sunulan et ve balık ürünleri, pastaneler, meyve ve sebzeler ağzınızı sulandırır. Food Hall'un yanı sıra zemin kattaki Paris çay odasından beşinci kattaki Georgian restoranına kadar 30 restoran vardır. Mutlaka görmeniz gereken başka bir yer olan **Egyptian Hall** heykeller ve antik Mısır'ı canlandıran eserler ile doludur. Burayı Harrods'ın eski sahibi Mohammed Al-Fayed 1997 yılında ölen oğlu Dodi ve Prenses Diana için bir türbe olarak inşa etmiştir.

87–135 Brompton Rd., SW1 • www.harrods.com • 020 7730 1234 • Paskalya Pazar'ı ve 25 – 27 Aralık tarihlerinde kapalıdır. • Metro: Knightsbridge

St. Paul's Church, Knightsbridge

2 Knightsbridge'nin bölge kilisesi Viktorya stili kadar, kilise cemaati ile de ünlüdür. 1. Wellington Dükü (1769 – 1852), Hyde Park Corner yakınlarında yaşamış olan Napolyon galibi bu kilisenin ilk günlerinin düzenli müdavimiydi. Günümüz ünlülerini noel ayini sırasında görebilirsiniz. St. Paul 1843 yılında zengin bezenmiş iç dekorasyonunu saklayan şık bir dış cephe ile inşa edilmiştir. Zarif demir döküm sütunlar galerileri üç taraftan destekler. Gotik Uyanış stilinin uzmanı olan George Frederick Bodley mihrap arkalığını ve şapeli ayıran oyma tahtalı panelleri tasarlamıştır. Her ikisi de 1892 tarihinde eklenmiştir. Kilisenin ortasını süsleyen duvarlarda Daniel Bell'in (1870'li yıllarda) yaptığı ve İsa'nın hayatını anlatan çini panoların arasında Gerald Moira'nın (1920'li yıllarda) yapmış olduğu çarmıha gerilme sahneleri de serpiştirilmiştir. Ayrıca St. Paul'un tarihi ile bağlantılı olan insanların tablo ve heykelleri de sergilenir.

32a Wilton Pl., SW1 • www.stpaulsknightsbridge.org • 020 7201 9999 • Metro: Knightsbridge veya Hyde Park Corner

YEMEK YENECEK EN İYİ YERLER

■ CAFFÉ FRATELLI
King's Road üstündeki bu caféde dışarıda oturun ve Chelsea hayatının tadını çıkarın. İtalyan yemeklerinden makarnalar, paniniler ve harika cappuccinolar bulabilirsiniz.
10 Duke of York Sq., SW3, 020 7823 6800, £

■ THE GRENADIER
Grenadier muhafızlarından birinin mekânı olan bar, pek çok ordu hatırası ile doludur. Barda sandviçleri deneyebilir veya restoranda yemek yiyebilirsiniz.
18 Wilton Row, SW1, 020 7235 3074, £££

■ HARVEY NICHOLS
Güne harika bir İngiliz kahvaltısı, ile başlayın veya Fifth Floor Cafe and Terrace'de taze sıkılmış meyve suyu ile birlikte hamur işlerinin tadını çıkarın. Öğle yemeği, çay veya akşam yemeği servisi de ayrıca yapılmaktadır.
bkz. 109–125 Knightsbridge, SW1, 020 7823 1839, £££ **(bkz. s. 156)**

Tate Britain

3 Bkz. s. 152 – 153

Millbank, SW1 • www.tate.org.uk • 020 7887 8888 • 24 – 26 Aralık tarihlerinde kapalıdır. • Özel çalışmaları görmek isteyen ziyaretçiler önceden aramalıdır. • Metro: Pimlico

Saatchi Gallery

4 Provoke edici, yoruma açık, hatta çok çirkin olabilir ama İngiltere'nin önde gelen modern sanat galerileri kesinlikle ilgi çekicidir. Sanat koleksiyoncusu ve reklamcılık gurusu Charles Saatchi tarafından kurulan şuanki galeri eski bir ordu merkezinin binasındadır ve havadar beyaz odaları sanat eserleri ile kurulumlara parlayacak alan yaratır. En etkileyici eserlerden biri Oda 13'deki Richard Wilson'ın **"20:50"** adlı, yansıtıcı siyah bir göl yaratan yarıya kadar yağ ile dolu çelik konteynırlı eseridir. Ziyaretçiler odaya bir geçitten girerler. Galeri Jeff Koons, Tracey Emin ve Damien Hirst gibi önde gelen 20. yüzyıl sanatçılarının ve yeni yeteneklerin eserlerini sergiler.

King's Rd., SW3 • www.saatchi-gallery.co.uk • 020 7811 3070 • Metro: Sloane Square

BUNU **BİLİYOR MUYDUNUZ?**

1764 yılında sekiz yaşındaki Wolfgang Amadeus Mozart ilk senfonisini King's Road'un sadece birkaç sokak güneyindeki 180 Ebury Street'te kalırken bestelemiştir. Bina tabela ile işaretlenmiştir.

King's Road

5 Swinging Sixties, butikleri ve şık mağazaları King's Road'a getirmiştir. O zamandan beri bölgenin gelişimi stil değiştirmiştir ama sokaklar stil sahibi alışveriş ile kazandığı ününü korumuştur. Slona Square'deki **Royal Court Theatre** *(Sloane Sq., www.royalcourttheatre.com, 020 7352 6551)* avant-garde prodüksiyonları ile göz korkuturken, punk moda tasarımcısı Vivienne Westwood'un **World's End** butiği *(430 King's Rd., www.worldsendshop.co.uk, 020 7352 6551)* ve iç tasarımcı mağazaları, King's Road boyunca uzanan barlar ve restoranlar ile yan yanadır.

King's Rd., Sloane Sq. ile Waterford Rd. arasında www.kingsroad.co.uk • Metro: Sloane Square

Chelsea Emeklilerinin resmi üniformaları 18. yüzyıl İngiliz ordu üniformalarına dayanır.

Royal Hospital Chelsea

6 Bu görkemli 17. yüzyıl kırmızı tuğlalı bina, Sir Christopher Wren tarafından savaş yaraları ve ileri yaş nedeniyle zorlanan gaziler için tasarlanmıştır ve hâlâ Chelsea Pensioners olarak bilinen İngiliz ordusu gazilerinin evidir. Kral II. Charles'ın Grinling Gibbons'daki altın heykeli **Figure Court**'un odak noktasıdır. **Chapel** ve **Great Hall**'a giriş olarak kullanılan, emeklilerin yemek yediği büyük sütunlu giriş salonun bir yanını ve lambrili ranzalarda uyudukları Long Wards geri kalan iki kısmı kaplar. Ranzaların yeniden yapılmış versiyonlarını hastanenin ufak **müzesinde** görebilirsiniz. Hastane çevresi baharda yıllık Chelsea Flower Show için bahçeye dönüştürülür.

Royal Hospital Rd., SW3 • www.chelsea-pensioners.org.uk • 020 7881 5200 • Cumartesi, Pazar günleri ve banka tatilleri ile hastane aktivitelerinde kapalıdır. • 10 kişiye kadar olan gruplar ziyaret edebilir (Long Wards hariç) 10.00 – 12.00 ile 14.00 – 16.00 • Metro: Sloane Square

Chelsea Physic Garden

7 Yüksek duvarlarla çevrili olan 1,6 hektarlık bahçe tıbbi araştırma ve eğitim için Eczacılar Derneği tarafından 1673 yılında kurulmuştur. Aspirinin yapımında kullanılan erkeçsakalı gibi burada yetiştirilen bitkilerin çoğu sık kullanılan ilaçların geliştirilmesinde kullanılmıştır. Bu gibi bitkiler **Pharmaceutical Garden**'da görülebilir ve **Garden of World Medicine** kabile topluluklarının iyileştirme amaçlı bitkilerini sergiler. Parfüm ve aromaterapi için kullanılan çiçekler bahçede görülebilir. Mağaza Ağustos – Eylül arasında bitkiler ve arılarından gelen balları satar.

66 Royal Hospital Rd., SW3 • www.chelseaphysicgarden.co.uk • 020 7352 5646 • ££ • Cumartesi ve Pazartesi günleri ile Kasım ve Mart ayları arasında kapalıdır. • Metro: Sloane Square

Sir Hans Sloane, Chelsea Physic Garden için gereken alanı bağışlamıştır ve heykeli hâlâ buradadır.

Chelsea Old Church

8 Restore edilmiş kırmızı tuğlalı dış cephe burayı modern bir kilise gibi gösterebilir ancak bina 13. yüzyıla dayanmaktadır ve Kral VIII. Henry'nin üçüncü eşi, Jane Seymour ile 1536 yılında evlendiği yerdir. Kilisenin, Henry'nin yakınında yaşayan danışmanı ve başbakanı Sir Thomas More tarafından yeniden inşa edilen bir şapeli vardır. **More's Chapel**, kilisenin İkinci Dünya Savaşı bombalamasından kurtulan nadir bölümlerinden biridir. 1717 yılından kalma bir İncil, 1723 yılından kalma dua kitabı ve 1683 yılından kalma bir Homilies gibi nadir bulunan kitaplardan bir grup, bir Londra kilisesine zincirli son kitaplardır; kitapları raflara veya okuma masalarına zincirlemek, kitapların nadir ve değerli olduğu eski zamanlarda hırsızlığı engellemek için kullanılırdı.

2 Old Church St., SW3 • www.chelseaoldchurch.org.uk • 020 7795 1019 • Metro: South Kensington veya Sloane Square

Carlyle's House

9 İskoç yazar ve tarihçi Thomas Carlyle Viktorya dönemi Londra'sının önde gelen yazarlarından biriydi. "Chelsea'nin bilgesi" olarak bilinirdi ve yazar Charles Dickens, roman yazarı George Eliot, filozof John Stuart Mill, şair Alfred Lord Tennyson ve natüralist Charles Darwin gibi önemli isimler ziyaretçileri arasındaydı. Carlyle ayrıca *The French Revolution* gibi en bilinen kitaplarının birçoğunu burada yazmıştır. *The French Revolution*'un ilk kopyası Mill'in hizmetçisi tarafından yanlışlıkla yakılınca, ikinci kez tekrar yazmak zorunda kalmıştır. 1895 yılında, ölümünden sadece 14 yıl sonra, Carlyle'ın evi halka açılmıştır ve hâlâ onun yaşadığı zamanki gibi korunmaktadır. Bina 18. yüzyılın başına dayanır ve Londra'nın en iyi korunmuş Georgia sokaklarından birindedir. İçeride Amerikalı sanatçı James McNeill Whistler'in tablolarının yanı sıra, kitaplar, mobilyalar ve Carlyle ile önde gelen deneme yazarlarından olan eşi Jane'e ait olan kişisel eşyalar bulunur. Carlyle'ın çok sevdiği bahçesinin en ilgi çeken parçaları arasında hâlâ meyve veren incir ağacı bulunmaktadır.

İPUCU

Antikalar ve sanat eserleri için Sloane Square'in güneyindeki **Pimlico Road**'a gidin. Burada 17. yüzyıl tablolarından, art deco mobilyalara kadar pek çok farklı şey satan özel mağazalar bulabilirsiniz.

24 Cheyne Row, SW3 • www.nationaltrust.org.uk • 020 7352 7087 • ££ • Pazartesi ve Salı günleri ile Kasım – Şubat arasında kapalıdır. • Metro: Sloane Square veya South Kensington

Tate Britain

Orijinal Tate galerisi İngiliz sanatçıların eserlerine ve İngiltere'de yerleşik sanatçılara adanmıştır.

Tate Britain "The Blue Rigi" dâhil, dünyanın en büyük J. M. W. Turner eserleri koleksiyonuna sahiptir.

16. yüzyılın resmi cazibeli Tudor portrelerinden, modern sanatçıların tartışmalı çalışmalarına kadar Tate Britain İngiliz sanatının 500 yıllık tarihini izler. Ana galeriler kronolojik olarak temalara göre sıralanmıştır ve ara sıra küçük geçici sergiler de düzenlerler. Artist Room, serileri dönüşümlü olarak modern sanatçıların sergilerini sunar ve galerideki eserlere taze bir bakış açısı kazandırmak için düzenli geçici sergiler sunar.

■ William Blake

Tate Britain vizyonu geniş olan bu 18. yüzyıl sanatçı ve şairinin pek çok eserine ev sahipliği yapar. Ayrıca kendi şiirlerinin yanısıra, Dante ve Milton gibi başkalarınınkini de tanımlamıştır. Blake'in bilimsel mantığa saldırdığı harika bilim adamının karanlıkla yüzleştiği **"Newton"** adlı eserini kaçırmayın. "Songs of Innocence and of Experience" kitabından, **"Tyger"** gibi şiirler orijinal, resimlendirilmiş bir biçimde sergilenmektedir.

■ Işık ve Atmosferin Uzmanları

Clore Wing bölümü J. M. W. Turner'a adanmıştır. Yağlı boya ve sulu boya tabloları ile çizimlerini sergiler. **"Sunrise with Sea Monsters"** (1845 civarı) gibi son dönem tablolarını görün, bu tablolar parlak ışıkta çeşitli formlar yaratırlar. Turner'ın deneyimlerini baskı resim ve sulu boya gibi sergiler takip eder.

■ 19. Yüzyıl Avant-Garde

Dante Gabriel Rossetti, William Holman Hunt ve John Everett Millais gibi Raphael öncesi dönemin ressamları resimlerini yoğun renkler ve bol doğal detaylar kullanarak canlandırmak istemişlerdir. Millais'in "**Ophelia**"'sı gibi edebiyat ve mitolojik konuları resmetmişlerdir. Bu tablo Shakespeare'in kadın kahramanının boğulmasını konu almaktadır ve en sevilen eserlerden biridir.

İPUCU

Tate Britain önceden Tate Gallery idi ve adını tüm koleksiyonunu, buna adanmış bir binada sergilenmesi şartı ile devlete bağışlayan Sir Henry Tate'den (1819 – 1899) alıyordu.

■ Barıştan Savaşa

1950'li yıllardan itibaren 1. Dünya Savaşı öncesi dönemi sergileyen bölümde John Singer Sargent'in harika **"Carnation, Lily, Lily, Rose"** tablosu, Mark Gertler'in 1. Dünya Savaşı'nın korkusunu canlandırdığı **"Mery-Go-Round"** eseri ve Francis Bacon'un 1944 yılında yapılan kırık formlu **"Three Studies for Figures at the Base of a Crucifixion"** tablosu ile zıtlık oluşturur.

■ Britart

Tate Britain'ın modern sanat eserleri arasında 1980'li yıllarda ortaya çıkan Damien Hirst ve Sarah Lucas gibi Genç İngiliz Sanatçıların ve daha yaşlı Gilbert & George'un **"Red Morning Trouble"** (1977) eseri gibi nehri farklı bakış açılarından gösteren fotoğraflar vardır.

Millbank, SW1 • www.tate.org.uk • 020 7887 8888 • 24 – 26 Aralık tarihleri arasında kapalıdır. • Belli bir eseri görmek isteyen ziyaretçilerin o eserin sergide olup olmadığını öğrenmek için önceden aramaları gerekmektedir. • Metro: Pimlico

Kanvasa Çizilenler

Portre ile manzara ressamları, Fransız Empresyonistler, hepsi yüzyıllar boyunca Londra'dan ve insanlarından ilham almış ve şehrin değişen yüzünü gösteren geniş bir arşiv yaratmışlardır. Van Dyck; Kral I. Charles'ın, Canaletto; şehrin geçit alayını ve mimarisini, Whistler; su kenarının ve Turner ise Houses of Parliament'in resimlerini yapmışlardır. Günümüzde Londra, modern sanat koleksiyonları ile parlamaktadır.

Hogarth & Turner

Londra'nın en iyi bilinen iki sanatçısı, William Hogarth ve J. M. W. Turner'dır. Hogarth "A Rake's Progress" eserinde olduğu gibi kumarhane ve genelevler gibi zarif ve yolsuzluk hikâyelerini konu alan bir hicivciydi.

19. yüzyıl romantik manzara ressamı Turner hava ve ışık efektlerinden etkilenmişti. Bu 1834'deki Houses of Parliament'in yanışı gibi onun pek çok empresyonist sulu boya çalışmalarındaki eserlerinde görülebilir.

Uzaktan Gelen Sanatçılar

Pek çok yabancı sanatçı genellikle kraliyet himayesi için için Londra'ya çekilmiştir. 16. yüzyılda Alman portre ressamı Hans Holbein Kral VIII. Henry için çalışmış ve bir yüzyıl sonra barok sanatçı Peter Paul Rubens ve Anthony van Dyck, Kral I. Charles tarafından şövalye ilan edilmişlerdi.

Şehir planlaması da bundan esinlenmiştir. Venedikli sanatçı Canaletto 1750'li yıllarda Thames Nehrini tam 48 kez çizmiş ve Amerikalı James McNeill de 1859 yılında Londra'ya taşındığında nehirden etkilenmiştir. 1870 – 1871 yılları arasında Londra'da yaşamış olan Claude Monet ise sisli Thames Nehrini Westminster'den çizmiştir. Manzara onu 1899–1901 yılları arasında tekrar şehre çekmiş ve o zaman da Houses of Parliament serisini çizmiştir.

Çağdaş Bakış Açısı

1990'lı yılların başlarında şehrin sanat manzarası Doğu Londra'nın Spitalfields, Shoreditch ve Hoxton bölgelerinde kendini göstermeye başlamıştı. İkili Gilbert & George genç sanatçıların bölgeye gelişini önceden görmüş ve 30 yıldan uzun bir süre boyunca Brick Lane yakınlarında yaşamışlardır. Onların "Twenty London East One Pictures" serisi 2004 – 2005 yılları arasında E1 posta kodlu sokakların resimlerinden oluşur ve bir zamanların görülmesi gerekli bölgelerini konu alır.

SANATÇILARIN **EVLERİ**

John Constable (1776–1837) 40 Well Walk, NW3

Vincent van Gogh (1853–1890) 87 Hackford Road, SW9

Dante Gabriel Rossetti (1828-1882) 110 Hallam Street, W1

J. M. W. Turner (1775-1851) 40 Sandycombe Road, TW1

James McNeill Whistler (1834-1903) 96 Cheyne Walk, SW10

Whistler sıklıkla Chelsea'deki stüdyosunda (üstte) hafızasından manzaralar çizerdi. Soldaki ve Monet'in diğer Londra manzaralarındaki sis, aslında o zamanlar şehri kaplayan dumandı.

Tasarımcı Knightsbridge

Baş döndüren butikler ve tasarım mağazaları, Knightsbridge'in oldukça zengin halkına harika alışveriş seçenekleri sunan Harrods ve Harvey Nichols mağazalarına yakındır. İngiliz tasarımcılar, klasik İtalyan isimleri ve ayakkabı ile aksesuar üzerine uzmanlaşmış dükkânların hepsi buradadır.

■ Harrods

Londra'nın önde gelen mağazası (bkz. s. 146 – 147) Diane von Fürstenberg, Britt Lintner, Piazza Sempione, Liu Jo, Robert Rodriquez, Lee Klabin, Elizabeth Hurley, Ted Baker, Tory Burch ve benzeri pek çok tasarımcı markalardan oluşan seçkilerle doludur.

■ Harvey Nichols

Yerel halkın çoğu Harrods'daki kalabalıkla yüzleşmemeyi tercih eder ve onun yerine "Harvey Nicks"'den alışveriş yapmayı tercih ederler. Burası şık bir alternatiftir ve sekiz katında tasarımcı koleksiyonlarının yanı sıra oldukça büyük bir güzellik departmanı vardır. Mağaza orijinal olarak 1813 yılında bir keten mağazası olarak açılmış ve hâlâ etkileyici ölçüde bir ev ürünleri koleksiyonu sunar. En üst katta restoran, bar, café ve bir gıda reyonu vardır.

109—125 Knightsbridge, SW1 • www.harveynichols.com • 0845 604 1888 • Paskalya Pazarı ve 25 Aralık tarihinde kapalıdır. • Metro: Knightsbridge

■ Sloane Caddesi Butikleri

Eğer büyük departman mağazaları boğucu geliyorsa, ünlü tasarımcılara adanmış ufak butikleri deneyebilirsiniz; **Giorgio Armani** *(37 – 42 Sloane St., SW1)* ve **Nicole Fahri** *(193 Sloane St., SW1)*. Sloane Street de ise **Dior** *(31 Sloane St., SW1)*, **Chanel** *(167 – 170 Sloane St., SW1)*, **Prada** *(43 – 45 Sloane St., SW1)*, **Gucci** *(18 Sloane St., SW1)*, **Alberta Ferretti** *(205 – 206 Sloane St., SW1)* ve **Katharine Hamnett** *(20 Sloane St., SW1)* bunlardan bazılarıdır. Bu ufak mağazalar en son çıkan koleksiyonlardan seçkin parçalar sunar. Ayrıca bazı seçkin iç çamaşırı mağazaları da vardır; İtalyan tasarımlarında uzmanlaşmış **La Perla** *(163 Sloane St., SW1)*, köşede kraliyet ailesine iç çamaşırı satan **Rigby and Peller** *(2 Hans Road, SW3)*.

Sloane Street Prada gibi tasarımcı mağazaları ile Londra'nın en ünlü alışveriş adreslerinden biridir.

■ İngiliz Tasarımı

Ekose deseni ve ikonik yağmurlukları ile **Burberry** *(2 Brompton Rd., SW1)* gibi İngiliz markalarını mutlaka ziyaret edin. Ev, banyo ve vücut kokuları ile **Jo Malone** *(150 Sloane St., SW1)* oldukça sevilir. **Paul Smith**'in bayan koleksiyonu *(84 – 86 Sloane Ave., SW3)* sadeliğe dayanır ve önde gelen İngiliz stilleri ile modern çağın bileşimidir. **Lul Guinness** *(3 Ellis St., SW1)* 1950'li yılların stilinde eşsiz çantalar ve aksesuarlar sunar. **Gwendolyn Carrie** *(4 Ellis St., SW1)* balık derisinden el yapımı ayakkabıları sunar.

■ Ayakkabılar

Birkaç ekstra ayakkabı bulmak için Jimmy Choo ayakkabılarınızı veya Church's'lerinizi giyerek Oxfords'da dolanın. Büyükbabalar tarafından çok sevilen zamansız **Church's** *(143 Brompton Rd., SW1)* markasını mutlaka ziyaret edin ve **Russell & Bromley**'in *(45 ve 77 Brompton Rd., SW1)* sunduğu klasik bay ve bayan ayakkabılarını kaçırmayın. Veya **Botega Veneta** *(33 Sloane St., SW1)*, **Salvatore Ferragamo** *(207 Sloane St., SW1)* veya **Fratelli Rossetti**'de *(196 Sloane St., SW1)* muhteşem İtalyan ürünleri arasından seçim yapın. Ve tabii ki **Jimmy Choos**'dan da bir çift (32 Sloane St., SW1) almadan gitmeyin.

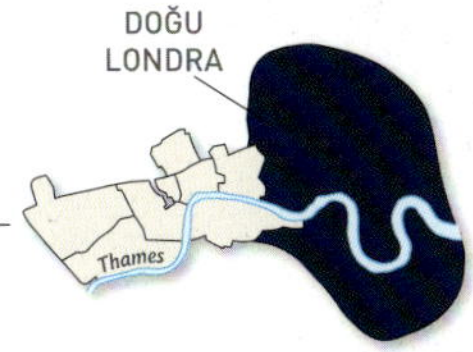

Doğu Londra

Geleneksel olarak liman işçilerinin ve göçmenlerin evi olan Doğu Londra, İngiltere'nin çok kültürlü en iyi ve canlı yerlerinden bazılarına ev sahipliği yapar. Tower of London neredeyse bin yıl boyunca İngiltere'nin en önemli kalesi ve hapishanesi olmuştur ve hâlâ Kraliyet Mücevherlerini korumaktadır. Yakındaki Tower Bridge'de Thames'in panoromik manzaraları eşliğinde yüksek yaya yolunda yürüyüş yapabilirsiniz. Eğer şanslıysanız bir geminin geçişi için köprünün açılışını görebilirsiniz. Kuzeye doğru giden bir metroyla Londra'nın önde gelen modern sanat galerilerinden Whitechapel'e ulaşabilirsiniz. Yakındaki Brick Lane başkentin alternatif manzaralarının merkezidir. Burada sokak sanatı, vintage moda butikleri, köri evleri ve şehrin en havalı Pazar günü pazarı bulunur. Daha doğuda Canary Wharf'ın parlak ofis binaları yenilenmiş Docklands bölgesi üzerinde yükselir. Çaprazında, Thames'in güney yakasındaki Greenwich'de çaycı *Cutty Sark*, Old Royal Naval College ve National Maritime Museum Londra'nın eski denizcilik hayatını canlandırır.

◀ Yeoman Warders ve karga kolonisi Tower of London'ın sevilen eğlencelerindendir.

Doğu Londra

Thames'in hükmettiği bu bölgede tarihi, zerafeti ve kültürü keşfedin.

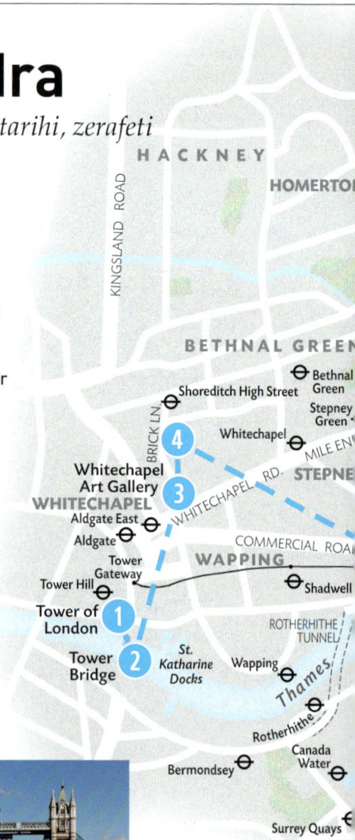

❹ Brick Lane (bkz. s. 163–164) Peşpeşe gelen göçmenlerin evi olan Brick Lane canlı, hareketli ve şıktır. Başkentin en iyi sokak pazarlarından birine ev sahipliği yapar. Docklands Light Railway (DLR) ile Tower Gateway'den West India Quay'e veya Canary Wharf'a gidin.

❸ Whitechapel Gallery (bkz. s. 163) Doğu yakanın ucundaki galeri geçici modern sanat sergileri sunar. Galeriden çıkışta sola dönün ve Whitechapel High Street'ten doğuya dönün, sonra Osborn Street'ten kuzeye ilerleyin.

❷ Tower Bridge (bkz. s. 162–163) Köprüyü keşfedin ve yüksek yaya yolunun manzarasını izleyin. Metro ile Tower Hill'den Aldgate East'e gidin.

❶ Tower of London (bkz. s. 168–169) Orijinal kale William the Conqueror tarafından yapılmıştır. Tower Bridge Approach'un çevresinden yürüyün.

DOĞU LONDRA – MESAFE: 12 KİLOMETRE
SÜRE: TAHMİNEN 9 SAAT METRO BAŞLANGICI: TOWER HILL

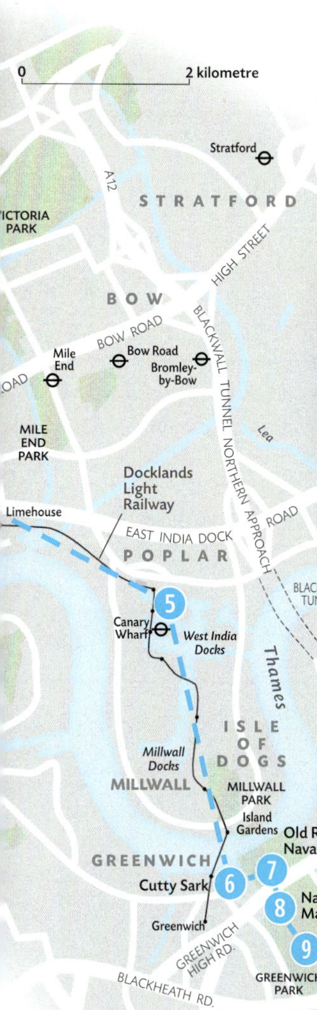

5 Canary Wharf (bkz. s. 164–165) Pırıl pırıl, yüksek katlı ofis binaları, restore edilmiş eski rıhtım ve depoların arasındadır. DLR ile West India Quay veya Canary Wharf'dan Greenwich'deki Cutty Sark istasyonuna gidin.

6 *Cutty Sark* (bkz. s. 165–166) 19. yüzyılda yapılmış olan eski çay teknesi bir zamanlar dünyanın en hızlı yelkenlisiydi. Nehir üzerinden doğuya yürüyün.

7 Old Royal Naval College (bkz. s. 166) Bu eski savaş hastanesinin ikiz kuleleri Sir Christopher Wren tarafından tasarlanmıştır. Romney Road'un karşısına geçin.

8 National Maritime Museum (bkz. s. 166–167) İngiltere'nin uzun denizcilik tarihi temalı galeriler ve aktif sergiler ile burada canlandırılır. Müzenin arkasındaki tepeye yürüyün.

9 Royal Observatory (bkz. s. 167) Bu 17. yüzyıl rasathanesini ziyaret edin ve dünyayı Doğu ve Batı'ya bölen meridyenin üzerinde durun.

Tower of London

1 Bkz. s. 168 – 169

Tower of London, Tower Hill, EC3 • www.hrp.org.uk/toweroflondon • 0844 482 7777 • ££££ • 1 Ocak ve 24 – 26 Aralık tarihlerinde kapalıdır. • Metro: Tower Hill

Tower Bridge

2 1894 yılında yapılan Londra'nın en ünlü köprüsü şehrin doğu yakasına uzanırken, gemilerin dünyanın en yoğun limanına girişini sağlama sorununu da çözmüştür. Cevap köprünün alt bölümünde yatar, asma köprü tarzı köprünün iki alt bölümü yükseltilir ve böylece gemilerin alttan geçişine olanak sağlanır. Yükseltme mekanizmasını barındıran sivri tepeli kuleler günümüzde **Tower Bridge Exhibition**'a ev sahipliği yapar. Kuleler arasındaki yüksek yürüyüş yolu nehrin ve batıda St. Paul's Cathedral ile London Eye ile doğuda Canary Wharf ile Greenwich'in nefes kesen manzaralarını sunar. Köprüyü açan sistem 1974 yılında elektrikli hale getirilmiştir ama güney kulesinin altındaki Viktorya makine

Tower Bridge iki kulesi olmasına rağmen, the Tower of London olarak adlandırılmıştır.

dairesi orijinal kaldırma sistemini uygulayan devasa buharla çalışan pompaları görebilirsiniz. İlk yıllarında köprü günde 20 kezden fazla kaldırılıyordu. Şimdi uzun direkli yelkenlilerin, donanma ve büyük yolcu gemilerinin geçişi için haftada üç kere açılır.

Tower Bridge Rd., SE1 • www.towerbridge.org.uk • 020 7403 3761 • £££ • 24 – 26 Aralık tarihlerinde kapalıdır. • Metro: Tower Hill veya London Bridge

Whitechapel Gallery

3 Whitechapel 1901 yılında sanatın insana ilham vereceği görüşü ile açılmıştır. O zamandan beri geçici sergiler Londra'nın bu geleneksel yoksun bölgesinde benzerlerinin yanısıra Pablo Picasso, Jackson Pollock, Mark Rothko, Frida Kahlo, Lucien Freud gibi modern sanatın en büyük isimlerine ev sahipliği yapar. Yakın zamanda genişletilmiş galeride ayrıca bir sinema, bir sanat kitapçısı, eğlenceli bir cafe ve şık bir restoran vardır.

77–82 Whitechapel High St., E1• www.whitechapelgallery.org • 020 7522 7888 • Bazı geçici sergiler: £££ • Pazartesi günleri kapalıdır. • Metro: Aldgate East

Brick Lane

4 Doğu Londra'nın en moda sokağı, **köri evleri**, son moda sanat manzaraları, vintage kıyafet mağazaları ve kalabalık **Pazar günü pazarı** ile tanınır. Harika baharat aromaları ve otların kokusu restoranlardan dışarıya yayılır ve Pazar günleri sokak satıcıları dünya çapından gelen farklı yiyecekleri satarlar. Birçok binada baş döndüren grafiti kaplı duvarlar vardır. Yer altı sanatçısı Banksy ismini burada yapmıştır ve şuanki sokak sanatı da aynı derecede dinamiktir. Vintage moda Doğu Yakasının tarzı olarak ortaya çıkmıştır ve Brick Lane'nin üstünde ve çevresindeki düzinelerce retro mağaza harika kıyafetler satar. Müzik hayatı da oldukça canlıdır. Şehrin en moda gece klüpleri, barları ve kayıt stüdyoları bu semttedir. Buradaki sokak işaretleri İngilizce oldu-

İPUCU

All Hallows by the Tower *(Byward St., EC3, www.ahbtt.org.uk, 020 7481 2928)* Tower of London'a yakındır ve M.S 675 tarihinde yapılmıştır. A.B.D.'nin altıncı başkanı John Quincy Adams 1797 yılında burada evlenmiştir.

Brick Lane's Pazar günü pazarı alışveriş yapan ve yemek yiyenlerle dolar taşar.

ğu kadar Bengal dilinde de yazılır ve bölgenin yerel topluluğunun etnik çeşitliliğini yansıtır. Brick Lane ile Fournier Street'in köşesindeki minareli **Jamme Masjid**'e (Büyük Cami) mutlaka bir göz atın. 1743 yılında bir Huguenot (Fransız Protestan) kilisesi olarak yapılan bina ayrıca sinagog ve Metodist kilisesi olarak da hizmet vermiştir. Bölgeye başarılı bir grup göçmen yerleşmiştir. 1976 yılında bir camiye dönüştürülmüştür. Brick Lane en çok Pazar günü canlıdır ve Londra'nın en iyi bit pazarı buraya kurulur. Sokaklar ve depolar şık kıyafetler, el sanatları, lezzetli yemekler, antikalar, sanat eserleri, müzik ve çok daha fazlasını satan tezgahlarla doludur.

Shoreditch, E1 • www.visitbricklane.org • Metro: Aldgate East

Canary Wharf

5 Büyük bir döngü ile nehirde üç tarafı sınırlı bir adada olan Isle of Dogs'da bir grup parlak gökdelen Londra'nın eski rıhtımlarının üstünde yükselir. Canary Wharf olarak da bilinen son

gelişmeler eski West India Company'nin 18. yüzyıl limanının yerinde kuruludur. Burası eskiden İngiltere'ye rom, şeker, çikolata ve Yeni Dünya'dan değişik ürünleri taşırdı. Gökdelenler dünyanın önde gelen finans ve medya firmalarından bazılarının merkezlerine ev sahipliği yaparken, iyi korunmuş depolar barlara ve restoranlara dönüştürülmüştür ve ofislerde çalışanlar yakındaki palamarda dinlenirler. West India Quay'deki **Museum of London Docklands** eski bir şeker deposundadır (No. 1 Warehouse) ve Londra'yı eski Roma zamanlarından modern 21. yüzyıla kadar bir ticaret şehri olarak anlatır. Üç kat modeller, sanat eserleri ve nehir boyunca süregelen hayatı ve ticareti canlandıran çizimler ile doludur. Mudlarks'ın interaktif çocuk galerisinde çocuklar kargoları tartabilir veya gemiye çay yükleyebilirler.

Canary Wharf, E14 • Museum of London Docklands: West India Quay, E14; www.museumindocklands.org.uk; 020 7001 9844; 24 – 26 Aralık tarihlerinde kapalıdır. • Metro: Canary Wharf; DLR: West India Quay veya Canary Wharf

Cutty Sark

6 Çevreleyen binaların arasından kuru doklara yaklaşırken 46,3 metrelik gemiyi, dinlenmeye çekildiği Thames'in güney yakasında görebilirsiniz. 1869 yılında yapılan *Cutty Sark* dünyanın en hızlı gemilerinden biriydi. Hayatına çay ticareti ile başlayan gemi Çin'den Londra'ya kadar yapılan yıllık yarışlarda değerli emtiayı taşıyordu. Daha sonra yün taşımaya başladı ve yıllık Avustralya, Melbourne'dan Londra'ya, 1885 – 1895 yıllarında düzenlenen yün yarışını kazandı. 1954 yılında gemi Greenwich'e getirildi ve Merchant Navy'e adanmış bir anıta dönüştürüldü. 2007 yılında çıkan bir yangında tamamen yandı ancak pahalı restorasyon projesi ile eski ihtişamlı

YEMEK YENECEK EN İYİ YERLER

■ **BELUGA CAFÉ**
Menüde harika deniz ürünleri vardır. Teras Canary Wharf gökdelenlerinin harika bir manzarasını sunar. **Unit 1, Port East Warehouse, E14, 020 7537 4665 ££££**

■ **MERAZ CAFÉ**
Restoran Bharthian olarak da bilinen Hint, Bangladeş ve Pakistan mutfağının füzyon yemeklerini sunar. **56 Hanbury St., E1, 020 7247 6999, £**

■ **TRAFALGAR TAVERN**
Nehrin yakınındaki bu popüler barın düzenli müşterileri arasında romancı Charles Dickens ve Başbakan William Gladstone vardır. Restoran modern İngiliz yemeklerini sunar. **6 Park Row, SE10, 020 8858 2909, ££££**

formuna kavuşan gemi 2012 yılında tekrar halka açıldı. *Cutty Sark* Greenwich Foot Tunnel'ın güney girişinde durur ve Thames nehrini geçerek Isle of Dogs'un kuzeyindedir.

Greenwich Church St., SE10 • www.cuttysark.org.uk • 020 8858 2698 • DLR: Cutty Sark

Old Royal Naval College

7 Mimar Sir Christopher Wren'in baş yapıtlarından biri olan bu zarif çift kolonlu bina Greenwich'deki nehir kenarını süsler. Kraliçe II. Mary tarafından 1696 ve 1712 arasında yaptırılan binalar yaralı ve emekli askerler için yapılmıştı. 1873 yılında hastane deniz askerleri için bir koleje çevirildi. 1990'lı yıllarda ordudaki bütçe kesintileri nedeniyle kapatıldı. Binaların çoğu şimdi Greenwich Üniversitesinin bölümüdür ama ikisi hâlâ halka açıktır. Hastanenin yemek odası olarak planlanmış olan, fakat sonra çok büyük bulunan olağanüstü **Painted Hall**, adını büyük duvarı ile tavanındaki James Thornhill'in resimlerinden alır. Napolyon'un donanmasına karşı Trafalgar savaşında zafer kazanan Amiral Lord Nelson'ın anıtı Ocak 1806 tarihinde buraya dikilene kadar boş kalmıştır. Şapel, 1789 yılındaki yangından sonra mimar James Stuart tarafından neoklasik tarzda yeniden inşa edilmiştir.

Greenwich, SE10 • www.oldroyalnavalcollege.org • 020 8269 4799 • 24 – 26 Aralık tarihlerinde kapalıdır. • DLR: Cutty Sark

National Maritime Museum

8 Kıyıya vuran dalgaların sesi ziyaretçileri dünyanın en büyük deniz müzesinin girişinde karşılar. İçeride gemi modeli ile planları, haritalar, navigasyon aletleri ve İngilizlerin tüm dünya denizlerindeki başarılarını sergileyen kupaları görebilirsiniz. Nelson'ın ceketine yakından bakarsanız 1805 yılının Ekim ayında Trafalgar savaşında onu öldüren kurşunun yol açtığı deliği görebilirsiniz. Charles Dickens'ın Britannia'nın kaptanına, 1842 yılındaki fırtınalı bir transatlantik yolculuğunu atlatmaları şerefine verdikleri şarap setini görebilirsiniz. Çocuklar All Hands Gallery'de eğlenebilirler ve herkes profesyonel **köprü simülatöründe** bir gemiyi kullanmanın nasıl bir

şey olduğunu izleyebilir. **Queen's House**'un yakınında müzenin deniz hayatı konulu geniş koleksiyonu arasında, J. M. W. Turner'ın Trafalgar savaşını konu alan yağlı boya tablolarını görebilirsiniz.

Romney Rd., SE10 • www.nmm.ac.uk • 020 8858 4422 • 24 – 26 Aralık tarihlerinde kapalıdır. • DLR: Cutty Sark

Royal Observatory

9 National Maritime Museum'un arkasındaki tepeye kurulmuş olan Royal Observatory Kral II. Charles tarafından navigasyon araştırmaları için 1675 yılında yaptırılmıştır. Sergide denizde navigasyon amacıyla kullanılmış olan dünyanın ilk taşınabilir saatleri vardır. En popüler sergi parçası bahçedeki 0° boylamı olan başlangıç meridyenidir ve dünyayı Doğu ve Batı olarak ikiye böler. Geceleri Observatory meridyen boyunca geceleri gökyüzüne lazer ışığı yayar. Burada ayrıca bir **planetaryum** (uzay gözlem evi) da vardır.

Blackheath Ave., SE10 • www.nmm.ac.uk • 020 8858 4422 • £££ • 24 – 26 Aralık tarihlerinde kapalıdır. • DLR: Cutty Sark

Royal Observatory'de başlangıç meridyeninin üstünde durduğunuzda bir ayağınız Doğu, bir ayağınız Batı yarımkürede olur.

Tower of London

Kraliyet konutu, hapishane ve Kraliyet Mücevherlerinin evi olan bu orta çağ yapısı kalenin, oldukça uzun ve zaman zaman kanlı bir geçmişi vardır.

Tower'ın sağdan ikinci yuvarlak kulesi kraliyetin ilk rasathanesiydi.

William the Conqueror bir kale olarak buranın inşasını 11. yüzyılda başlatmıştır. 12. ve 13. yüzyıllar boyunca onu izleyen diğer krallar burayı genişletmiştir. 900 yıllık tarihi boyunca kraliyet evi, cephanelik, darphane ve hayvanat bahçesi olarak kullanılmıştır ama en ünlü kullanım alanı hapishanedir. Burada pek çok "misafir" kalmıştır, bunların arasında krallar, kraliçeler, danışmanlar ve eski kraliyet gözdeleri vardır, bazıları Tower Green'de idam edilmiştir. Yeoman Warders veya Beefeaters'ler burada muhafızlık ve rehberlik yaparlar.

■ KRALİYET ZIRHI

Kalenin White Tower olarak da bilinen merkezi en eski bölümdür. Kraliyet zırhlarından oluşan bir koleksiyona ev sahipliği yapar. Bunların arasında Kral VIII. Henry için 1540'da yapılmış büyük dekoratif bir elbise ve Kral I. Charles için 1612'de yapılmış olan ve altın yapraklarla kaplı bir elbise de vardır.

■ KRALİYET MÜCEVHERLERİ

Jewel House'daki 23.578 parça mücevherin arasında safirler, turmalinler, ametistler, topazlar ve sitrinler ile dekore edilmiş **St. Edward's Tacı** da vardır ve en son 1953 yılında Kraliçe II. Elizabeth tarafından taç giyme töreninde giyilmiştir. Taç 2.222 kg. ağırlığında olduğundan, birçok kral bunu takmaktan vazgeçmişlerdir. Bunun yerine tercih ettikleri ve üzerinde 2783 elmas, 277 inci, 17 safir, 11 zümrüt ve 5 yakut ile dekore edilmiş olan **İmparatorluk Devlet Tacı**'dır.

■ FEATHERED GUARDIANS

Tower Green de kuleyi koruyan **Raven**'ları (kuzgunları) görebilirsiniz. Efsaneye göre eğer Kuleyi terk ederlerse, White Tower çökecek ve İngiltere'nin üstüne felaketler yağacaktır. Bunun asla olmaması için Kral II. Charles burada devamlı altı raven olmasını emretmiştir.

> **İPUCU**
>
> Tower'a mümkün olduğu kadar erken saatlerde gelin, özellikle de yaz mevsiminde sıralar hızla uzar.

■ HAİNLERİN KAPISI

13. yüzyılda Kral I Edward St. Thomas's Tower seviyesine bir kapı inşa ederek kuleye tekne ile ulaşım sağlamıştır. Tudor zamanlarında pek çoğu ihanetten suçlanan monarşinin tutsakları bu yolla getirilirdi.

■ KULEDEKİ PRENSLER

Bloody Tower adını 16. yüzyılda almıştır çünkü Gloucester'li Richard'ın (sonra Kral III. Richard) iki yeğeni, V. Edward ve abisi Richard'ı 1483 yılında burada öldürdüğüne inanılır. İki yüzyıl sonra, iki oğlanın iskeleti burada keşfedilmiştir. Bir oda, kayboluşları hakkındaki gizemi sergiler. Diğer mahkûmlar arasında Kraliçe I. Elizabeth'in sevgilisi Sir Walter Raleigh'da vardır. Bir oda onun burada olduğu zamanlardaki gibi saklanmıştır.

Tower of London, Tower Hill, EC3 • www.hrp.org.uk/toweroflondon • 0844 482 7777 • ££££
• 1 Ocak ve 24 – 26 Aralık tarihlerinde kapalıdır. • Metro: Tower Hill

Denizciler Şehri

200 yıldan uzun bir zamandır Londra dünyanın en büyük deniz güçlerinden biri olmuştur. Royal Navy (Kraliyet Donanması) İngiltere'nin tüm dünyada hüküm sürmesini sağlamıştır ve İngiliz ticaret gemileri büyük miktarda çay, şeker, baharat, tütün taşımıştır. 19. yüzyılda yeni depolar, tershaneler ve gemi yapımcıları Doğu Londra'yı dünyanın en işlek limanına dönüştürmüştür.

St. Katharine Docks (yukarıda) Tower Bridge yakınındadır ve bir marinaya dönüştürülmüştür. 20. yüzyılın başında Tower Bridge çevresindeki bölge (sağda) işleyen bir liman oldu.

Roma Limanı

Romalılar Tower Bridge ile London Bridge arasındaki ve nehrin kıyısındaki bölgeyi yeni başkentleri olarak seçmişlerdi. Nehir burada genişlediğinden açık denizde seyreden büyük gemileri almak için yeterince derin ancak yine de bir köprü yapımı için yeterince dardı. Yani başarılı bir limanın bütün özelliklerine sahipti.

Dünyanın Deposu

17. yüzyılın başından itibaren İngiltere imparatorluğu uluslar arası ticarete dayalı bir şekilde büyümüş ve Londra limanı bugüne kadar bilinen en önemli haline genişlemiştir. 18. yüzyıl boyunca yüzlerce geminin yanaşma yeri olan depolar ve iskeleler her iki kıyıda da uzanır ve uzun direkli gemilerin sürekli gelip gidişleri devam eder.

Eskiden düzensiz ve tehlikeli bir yerdi. Dünyanın her köşesinden gelen mürettebatlar gemilerinin boşaltılmasını beklerdi ve hırsız çeteleri geceleri kol gezerdi. Binlerce liman işçisi kargoların boşaltılması ve yüklenmesi için tutulur, yine de liman, sayısı gittikçe artan ve büyüyen ihtiyacı karşılamakta yetersiz kalırdı.

Çözüm 19. yüzyılın başlarında bulundu. West India, East India ve Surrey Commercial Docks ile diğerleri yapıldı. Bu katmanlı, ıslak iskeleler Doğu Londra Endüstrisine güvenli palamar yerleriyle verimli tahliye ve iyi bağlantılar sağladı.

Düşüş & Yeniden Doğuş

İkinci Dünya Savaşı sırasında 25.000'den fazla bomba limanlara veya çevresine düşmüştür. Bazı iskeleler onarılmış, diğerleri doldurulmuştur ve ticaret devam etmiştir. Sonra, 1960'lı yıllarda, yeni konteyner gemileri liman tesisleri için fazla büyük olunca, başka yerlere gitmişlerdir. 20 yıl içinde tüm limanlar kapanmıştır. Büyük bir yenilenme programı sonucu rıhtım bölgesi hızla yükselen bir finansal merkez olmuştur ve nehir kenarındaki ofis binaları ile gösterişli apartman daireleri yeni bir nehir manzarası oluşturmuştur.

YÜZEN **MÜZE**

Kraliyet Donanması'nın günümüz Londra'sındaki en görünür işareti savaş gemisi **H. M. S. Belfast**'tır (Morgan's Lane, SE1, http://hmsbelfast.iwm.org.uk, ££££, 24 – 26 Aralık tarihlerinde kapalıdır). Gemi Kraliyet Donanması'nın için yapılmış olan en güçlü gemidir. İkinci Dünya Savaşı'nda ve Kore'de kullanılmış, 1950 ve 1960'lı yıllarda barışı korumuştur. Şimdi Thames'e, Tower Bridge yakınlarına çekilmiştir ve ziyaretçilere 20. yüzyıl savaş gemilerindeki hayatın nasıl olduğunu gösterir.

Doğu Londra'nın Moda Mağazaları

Doğu Londra, Avrupa'nın en revaçta alternatif alışveriş merkezlerinden biridir. Şehrin West End (batı) bölgesi modern tasarımcılara, doğu bölgesi ise geçmişin stil sahibi tasarımlarına ev sahipliği yapar. Brick Lane çevresindeki butiklerde 1940'lı yılların klasik elbiselerini yeni tasarımlardan çok daha ucuza bulabilirsiniz.

■ Beyond Retro

1960'lı yılların blazerlarını, 1940'lı yılların elbiselerini ve 1980'li yılların pantolon takımlarını sunan Beyond Retro 20. yüzyılın en iyi modasını sunmakla gurur duyar. Sunduğu geniş kıyafet yelpazesinin arasında mutlaka sizi çeken bir şey bulabilirsiniz ve elbise fiyatları yaklaşık olarak £30 ($48) civarındadır.

110-112 Cheshire St., E2 • www.beyondretro.com • 020 7729 9001 • 25 – 26 Aralık arasında kapalıdır. • Metro: Liverpool Street

■ Vintage Basement

1950'den 1980'e kadar eşsiz ürünler bu mağazanın raflarını doldurur. Vintage kıyafetler arasında dolaşmak eğlencelidir ve eğer bir şey almak isterseniz başka birinin de aynı şeyi giydiğini görmeniz pek de mümkün değildir.

7 Cheshire St., E2 • www.vintagebasement.co.uk • 020 7729 2908 • 25 Aralık tarihinde kapalıdır. • Metro: Liverpool Street

■ Sunday UpMarket

Her Pazar günü 140'dan fazla tezgâh eşsiz kıyafetler, çantalar, mücevherler, ev aksesuarları ve çok daha fazlasını satar. Satışa sunulan pek çok ürün el yapımıdır, eşi olmayan ürünler genellikle bizzat tezgâh sahipleri tarafından yapılır. Hareketli gıda bölümünde tüm dünyadan bağımsız catering firmaları değerli, aile tariflerini yaşatırlar. Sadece bu standlar bile burayı ziyarete değer hale getirir.

The Old Truman Brewery, Brick Lane, E1 • www.sundayupmarket.co.uk • 020 7770 6028 • Pazar günleri açıktır. • Metro: Liverpool Street

■ Rough Trade East

2007 yılında açıldığından beri Rough Trade East Londra'nın en popüler müzik mağazası olmuştur. Mağazada düzenli olarak Radiohead ve Blur gibi dünyaca ünlü grupların konserleri verilir. Eğer şanslıysanız

Rough Trade'in müzik hayranları için kanepe ve masalardan oluşan bir bölümü de vardır.

ücretsiz bir konser yakalayabilirsiniz. İster nadir bir kayıtı arıyor olun, ister yeni çıkan en popüler şarkıcıların kayıtlarını, buranın çalışanları müzikle ilgili her konuda uzmandır ve yardımcı olmayı severler.

91 Brick Lane, E1 • www.roughtrade.com • 020 7392 7790 • 25 Aralık tarihinde kapalıdır. • Metro: Liverpool Street

■ Appletree Boutique

Hayatına mütevazı bir tezgâh olarak başlayan Appletree Boutique Londra'daki en ünlü bayan giyim mağazalarından biri olmuştur. Modern baskılı elbiseler ve aksesuarlar satar. Stoklar düzenli olarak değişir.

104 Commercial St., E1 • www.appletreeboutique.co.uk • 020 7377 5900 • Closed Jan. 1, Dec. 24–25 • Metro: Liverpool Street

■ Interior Addict

Interior Addict Londra'daki ilk showroomunu açmıştır ve aşırı pahalı olmayan ama heyecan verici modern mobilyalar ve klasik tasarımların reprodüksyonlarını satar.

50-52 Commercial St., E1 • www.interioraddict.com • 020 7377 1855 • 25 Aralık tarihinde kapalıdır. • Metro: Liverpool Street

TELEPHONE
TELEPHONE
PULL
PULL

BÖLÜM 3

Yolculuğunuz İçin Önemli Bilgiler

GEZİNİZİ PLANLAMAK

Ne Zaman Gitmeli?

Ocak, Şubat ve **Mart** ayları sevilen oyunlar ile operaları izlemek ve uzun sıraları beklemeden müzeleri gezebileceğiniz zamanlardır. Sporu seviyorsanız pek çok futbol ve rugby maçı vardır ve Oxford ile Cambridge kano yarışı Thames Nehri üzerinde yapılır. Nergisler parkların zeminlerini doldurur ve ağaçlar yeşerir.

Nisan ve **Mayıs** aylarında festivaller gibi aktivitelerin sayısı artar ve sadece yaz aylarında açık olan evleri de görebilirsiniz. Bu dönemde ayrıca futbol ve kriket sezonu da başlar ve popüler Chelsea Flower Show da bu tarihte yapılır.

Haziran ayında Kenwood House ve Marble Hill House yaz sezonu boyunca süren konserlere ev sahipliği yaparlar. Wimbledon'da ise İngiltere Tenis Turnuvası yapılır. Seremonisel aktiviteler, Beating Retreat ve Trooping the Colour'da bu ayda yapılır.

Temmuz ve **Ağustos** aylarında müzeler ve tiyatrolar ziyaretçiler ile dolar. Kültürel aktiviteler arasında Royal Albert Hall'da geceleri yapılan Henry Wood Promenade ("The Proms") konserleri yapılır. Kriket yaz sezonu boyunca oynanır ve 2012 yılında Londra yaklaşan Olimpiyat Oyunları için bir spor cennetine dönüştürülecektir.

Eylül ve **Ekim** aylarında Thames ve Covent Garden'da farklı festivaller ve büyük sanat şovları, operalar ve oyunlar sergilenir. Güneşli günler, özellikle de hafta sonları ve kamu tatilleri parklara kalabalıkları çeker.

Kasım ve **Aralık** ayları festivaller bakımından zengindir: Mağazalar ve sokaklar tatil için dekore edilir, tiyatro bileti bulmak için çok önceden rezervasyon yaptırmak gerekir ve salonlarda, katedrallerde ve kiliselerde konserler verilir.

İklim

İngiliz havası günlük sürprizleri barındırır, güneşli bir sabah yağmurlu bir akşama dönüşebilir. Hazırlıklı olmak için ufak bir şemsiye taşıyın ve suya dayanıklı ayakkabılar giyin.

LONDRA MERKEZİNE NASIL GİDİLİR

Havaalanlarından

Gatwick *(www.gatwickairport.com, 08443 351 802)* güney Londra'nın yaklaşık 48 km güneyinde yer alır. **The Gatwick Express** *(www.gatwickexpress.com, 08458 501 530)* trenleri yaklaşık 35 dakikalık bir yolculuk ile Victoria'ya gider, gün boyunca 15 dakikada bir ve geceleri daha az sıklıkla çalışır. Easybus (www.easybus.co.uk) yaklaşık 70 dakika sürer ve her günün 24 saati boyunca, 20 dakikada bir kalkar. Taksiyle gitmek yaklaşık £60 ($100) tutar.

Heathrow *(www.heathrowairport.com, 08443 351 801)* şehrin ana havaalanıdır ve merkez Londra'nın 24 kilometre batısındadır. Tren yolu ile Heathrow Express *(www.heathrowexpress.com, 08456 001 515)* Paddington'a yaklaşık 20 dakikada bir gider ve 05.07 ile 23.42 arasında, her 15 dakikada bir kalkar. Metro ile Piccadilly hattı 40 ile 60 dakika arasında sürer ve 05.02 ile 00.00 arasında sık sık vasıta bulabilirsiniz. National Express *(www.nationalexpress.com, 08717 818 181)* otobüsleri her 30 dakikada bir Victoria Coach Station'a gider ve yol yaklaşık 60 ila 90 dakika sürer. Taksi yaklaşık £50 ($82) tutar.

London City Airport *(www.londoncityairport.com, 020 7646 0000)* ufak bir havaalanıdır ve Londra'nın yaklaşık 14 kilometre doğusundadır. Docklands Light Railway istasyonu ile hem metro hem de DLR kullanarak Canary Wharf'a ve Bank'e bağlanabilirsiniz.

Stansted *(www.stanstedairport.com, 08443 351 803)* merkez Londra'dan 56 kilometre kuzeydoğudadır ve tren yolu ile gitmek en hızlı seçenektir. Stansted Express (www.stanstedexpress.com) ile Liverpool Street istasyonu yaklaşık 42 dakika sürer ve 06.00 ile 23.59 arasında her 15 dakikada bir kalkar. (Cumartesi ve Pazar günleri 1:30)

Tren veya Otobüs

Eurostar trenleri *(www.eurostar.com, 020 7646*

0088) Paris, Disneyland Paris, Brussels ve Lille St.'den Pancras International'a varır (www.stpancras.com, 020 7843 7688).

National trains *(www.nationalrail.co.uk, 08457 484 950)* Charing Cross, Euston, King's Cross, Liverpool Street, Paddington, St. Pancras, Victoria ve Waterloo istasyonlarına servis yapar.

Uzun mesafe otobüs servisleri Victoria Coach Station'a ulaşır. National Express *(www.nationalexpress.com, 08717 818 181)* İngiltere'nin en büyük otobüs şirketidir ve Eurolines *(www.eurolines.co.uk, 01582 404 511)* kıtayı gezer.

ŞEHİRDE ULAŞIM

Londra'da Toplu Taşıma

Taksiler eğlenceli olsa da, masrafları hızla yükseltebilir. Metro veya otobüsü tercih edin ve eğer kaybolursanız yolu sorun. Londra ulaşımı *(www.tfl.gov.uk, 08432 221 234)* sitesinde harika bir ulaşım planı vardır ve yolculuğunuzu en hızlı ve kolay şekilde tamamlayabilmek için alternatifler sunar.

Taksi

İki tür taksi vardır "black cab" ve minicab. Black cab şoförlerinin hepsi "The Knowledge" sınavlarını geçer ve şehri çok iyi bilirler. Birini kullanmak için ya bir taksi istasyonuna gidin ya da Radio Taxis *(www.radiotaxis.co.uk, 020 7272 0272)* gibi bir şirketi arayabilir veya yoldan çevirebilirsiniz. Minicabs'ların sigortasız araçları ve profesyonel olmayan şoförleri olabilir.

Toplu Ulaşım

Yer altı tarifeleri dokuz bölüme, otobüsler ise yolculuğa göre ayrılmıştır. Biletler her yolculuk için tek olarak alınabilir veya bir Travelcard alabilirsiniz ama yolculuğun en ekonomik yöntemi Oyster kartıdır. Bunlar herhangi bir DLR veya metro istasyonundan £3 ($4.90) depozito ile alınabilir. Karta bilet ofisinden veya dokunmatik makinelerden para yükleyebilirsiniz. Yolculuğunuzun başında ve sonunda kartınızı sarı disklere okutun. Otobüs için tek bir kez kartınızı okutmak yeterlidir. Oyster kartlar ücretleri öbür alternatiflerden daha düşüktür.

Otobüs

Londra'yı otobüs ile gezmek eşsiz bir deneyimdir, bu şekilde insanlara, binalara, reklamlara ve sokak sanatına bakabilirsiniz. Tüm otobüs duraklarında otobüs rotalarının ve yakın durakların haritaları vardır. Oyster Card veya Travelcard ile geçebilir veya önceden bir bilet alabilirsiniz.

Metro (Yeraltı)

Düzinelerce hattan ve 270 istasyondan oluşan bu büyük sistem tüm Londra'yı dolaşır ve her gün yaklaşık 2,5 milyon insanı taşır. Londra metrosu iyi aydınlatılmış, kullanımı kolay ve güvenlidir. İlk olarak rotanızı metro haritası ile planlayabilirsiniz. Sonra Travelcard, Oyster card veya bilet alabilirsiniz. Bunu kullanarak otomatik bariyerlerden geçebilir ve doğru renk kodlu metroya binip kaybolmadan istediğiniz yere ulaşabilirsiniz. Hat değiştirmek için bağlantı ağlarını ve platformları gösteren işaretleri kullanabilirsiniz. Bariyerlerden çıkmak için biletinizi veya kartınızı kullanabilirsiniz. Şüpheye düştüğünüzde sorun, Londranın yerel halkı da kaybolur.

Bisiklet

Londra toplu ulaşımına yeni eklentilerden biri kiralaması kolay olan bisikletlerdir. £1 ($1.65) ödeyerek şehrin her yanındaki bisiklet standlarına ulaşım için gerekli kodu alabilirsiniz ve standlardan, online olarak (www.tfl.gov.uk) veya telefon ile (08450 263 630) alabilirsiniz. 30 dakikadan kısa yolculuklar ücretsizdir ve 30 dakika üstü £1 tutar. İşiniz bittiğinde bisikleti tekrar standa kitleyebilirsiniz.

Docklands Light Railway (DLR)

Bu yüksek tren yolu *(www.tfl.gov.uk, 08432 221 234)* Bank ile Tower Gateway istasyonları arasında ve Docklands ile East London arasında çalışır.

Organize Manzara

En bağımsız ziyaretçi bile bazen organize turlara katılmak isteyebilir. Otobüs turları şehrin

özetini sağlar. Yürüyüş turları sokak tarihini, nehir turları yeni bakış açılarını sunar ve bazı turlarla normalde kapalı olan alanlara giriş yapabilirsiniz.

Otobüs Turları

Big Bus Company *(www. bigbustours.com, 020 7233 9533)*; **Original London Sightseeing Tour** *(www theoriginaltour.com, 020 8877 1722).*

Nehir Turları

Bot turları için internet sitesi: www.tfl.gov.uk

Özel Turlar

City Discovery *(www.city-discovery.com)* gibi şirketler özel ve detaylı Westminster Abbey, St. Paul's Cathedral ve benzer yerlere turlar sunar.

Kişiye Özel Turlar

Mavi rozetli en seçkin rehberler için **Tour Guides** *(www.tourguides.co.uk, 020 7495 5504)* ile iletişime geçin.

Yürüyüş Turları

Citisights *(www.chr.org.uk, 020 8806 3742)* ve **Original London Walks** *(www.walks.com, 020 7624 3978)* meraklılar tarafından yaptırılan pek çok farklı çeşitlilikte turlar sunar.

PRATİK TAVSİYELER

Elektrik

Elektrik akımı 230V'dur ve değişen akımlar 216.2–253V arasındadır ve saniye başına 50 devirdedir (kHz). Üç pinli kullanmayı deneyin.

Para Önemlidir

İngiltere'de Sterlin kullanılır: 100 pens, 1 pound yapar. Bozuk paralar 1p, 2p, 5p, 10p, 20p, 50p, £1 ve £2 şeklindedir. Banknotlar £5, £10, £20 ve £50'liktir.

Neler Oluyor?

Time Out (www.timeout. com) Salı günleri yayınlanır ve Londra aktivitelerinin detaylı bir listesini yayınlar. Bununla birlikte güvenilir yorumlar ve eleştiriler yapılır. Kaliteli gazeteler arasında Daily Telegraph, Financial Times ve Guardian vardır. Londra'nın tek akşam gazetesi ücretsiz olan Evening Standard, Pazartesi Cuma arası günlük olarak çıkar. The Metro ücretsiz sabah tabloididir ve metro istasyonlarında bulunabilir.

Açılış Saatleri

Mağazalar haftanın yedi günü açıktır ama pek çoğu Pazar günleri belli saatlerde açık olur. Gecenin geç saatlerinde alışveriş için Çarşamba günleri Knightsbridge, Perşembe günleri Oxford St., Regent St. ve Covent Garden'a gidebilirsiniz. Bankalar Pazartesi ve Cuma arasında sabah 9:30'dan, 17.00'ye kadar açıktır. Chequepoint şubelerinden 550 Oxford Street'te ve 71 Gloucester Road'te olanlar geç saatlere kadar açıktır.

Posta Ofisleri

Posta pulları posta ofislerinden ve bazı gazete standlarından ve mağazalardan alınabilir. William IV Street üstündeki Trafalgar Square Postahanesi geç saatlere kadar açıktır. Posta kutuları kırmızıdır.

Kamu Tatilleri

1 Ocak, İyi Cuma ve Paskalya Pazartesi'si, Mayıs'ın ilk ve son Pazartesi günü ile Ağustos'un ilk Pazartesi'si ile 25 ve 26 Aralık tatildir. Eğer ülke çapında geziyorsanız bu günlerde gecikmeler yaşayabilirsiniz.

Lavabolar

Tuvalet, lavabo, WC olarak da bilinen yerlerin kamuya açık olanları kirli olabilir, en yakın departman mağazasına veya otele gidebilirsiniz.

Sigara İçmek

Sigara içmek tüm barlarda, restoranlarda ve öbür kapalı kamu alanlarında yasaktır.

Telefonlar

Londra için şehir kodu 020'dir. Londra içinden arama yapmak için ya bozuk para ya da gazete bayilerinden veya diğer mağazalardan alabileceğiniz telefon kartlarını kullanın. 020 şehir kodunu tuşlayın ve sonra sekiz basamaklı numarayı girin. Londra dışında, numaralar genellikde üç, beş veya altı kodludur. Eşit aralıklı biplemeler numaranın meşgul olduğunu, katı bir ses numaraya ulaşılamadığını gösterir.

The London Pass

Bu Londra'nın ücretli aktiviteleri için daha ucuz bir yöntemdir. *(www.londonpass.com, 08702 429 988).*

Zaman Farkı

GMT (Greenwich ortalama

zamanı) standart zamandır ve BST (İngiltere Yaz Saati) Mart'ın sonu ile Ekim sonu arasında GMT'den bir saat öndedir. Londra Türkiye'den iki saat geridedir.

Turist Bilgisi: İngiltere ofislerini ziyaret edin.

Kullanışlı İnternet Siteleri:

www.a-zmaps.co.uk
www.bbc.co.uk/london
Haberler, ulaşım, hava, eğlence ve spor hakkında
www.culture24.org.uk
Londra'nın müzelerinin pek çoğu hakkında bilgi içerir.
www.londonnet.co.uk
Restoranlar, barlar ve gece hayatı
www.londontown.com
Harika manzaralar, oteller hakkında basit bilgiler.
www.officiallondontheatre.co.uk
Günlük bilgi
Yarı fiyata tiyatro biletleri
www.riverthames.co.uk
Nehir üstündeki yerler ve aktiviteler
www.streetmap.co.uk
Gününüzü planlayın ve sonra sokak planını çıktı alın
www.tfl.gov.uk
Tüm ulaşım için
www.ticketmaster.co.uk
Aktivite biletleri
www.timeout.com
Tüm programların listesi
www.trailfinders.com
Tüm rezervasyonlarınız için
www.visitbritain.com
İngiliz Turist Bülteni
www.visitlondon.com
London Turist Bülteni

Engelliler İçin Ziyaret

Tesisler genellikle engelliler için uygundur. Artsline *(54 Charlton St., NW1, www.artsline.org.uk)* eğlence ve sanat sergilerine giriş için ipuçları sunar. RADAR (Royal Society for Disability and Rehabilitation) özellikle engelliler için servisler sunan tur operatörlerinin bilgilerini içerir (www.radar.org.uk, 020 7250 3222).

ACİL DURUMLAR

Polis, Yangın & Ambulans

Bu servislerden herhangi biri için ücretsiz olarak 999'u arayabilirsiniz.

Kayıp Eşya

Sigorta belgelerini onaylatmak için her zaman polisi bilgilendirin. Kayıp pasaportu büyükelçiliğinize bildirin. Metro, otobüs, black taksiler ve Londra Overground'da kaybettikleriniz için Transport for London Lost Property Office *(200 Baker St., NW1, www.tfl.gov.uk, 020 7918 2000, Pazartesi - Cuma. 8:30 – 16.00)* ile bağlantıya geçin. DLR'de kaybolanlar 48 saat boyunca Poplar Station'da *(020 7363 9550)* tutulur ve sonra 200 Baker St.'de ki ofise yollanır.

Tıbbi Önlemler

Eğer bir doktora veya dişçiye ihtiyacınız olursa otel resepsiyonuna danışın. Eğer ufak bir probleminiz varsa yakındaki bir eczaneye gidebilirsiniz. Sigorta amacıyla tüm ilaçların ve tıbbi müdahalelerin fişlerini tutun.

National Health Service (N.H.S.) Hastaneleri

24 saat boyunca acil servisi olan hastaneler:
Chelsea and Westminster Hospital *(369 Fulham Rd., SW10, 020 8746 8000)*
University College Hospital *(Gower St., Grafton Way'den giriş, WC1, 08451 555 000).*

Diğer Tesisler

Bir gözlükçü ve hemen tamir mağazası için **Aitchison**'ı deneyin *(127a Sloane St., SW1, 020 7730 4870)*. Daha seri göz problemleri için **Moorfields Eye Hospital**'a *(City Rd., EC1, 020 7253 3411)* gidin.

Eczaneler

Başka ülkelerde kolaylıkla alınabilir ilaçlar İngiltere'de alınamaz. Evden gerekli ilaç miktarını getirdiğinize emin olun. Eğer daha fazla ilaca ihtiyacınız olursa tüm reçetenizi ve ilaç küpürünüzü eczacıya götürün, size benzer bir örneğini verecektir. Sabah 09.00'dan gece yarısına kadar açık olanlar arasında **Bliss Chemist** *(5 Marble Arch, W1, 020 7723 6116)* vardır.

Konsolosluklar

Türkiye Cumhuriyeti Londra Başkonsolosluğu
Rutland Lodge Rutland Gardens, Knightsbridge, Londra SW7 1BW İngiltere
020 7591 6900 consulate.london@mfa.gov.tr, http://www.turkishconsulate.org.uk

OTELLER

Lokasyon başarılı bir Londra ziyareti için anahtar noktadır. Basitten egzotiğe kadar her lüks seviyesinde otel bulmak mümkündür ama yerleri önemlidir: Londra çok büyüktür, oldukça fazla para ve zamanı yolculuk için harcayabilirsiniz. Ayrıca bütçenizin de farkında olmanız gerekir. Londra'da uyumak pahalıdır: ortalama bir oda gecelik olarak $150 tutar ama lüks oteller bundan kat ve kat daha fazla tutar. Önce günlerinizi ve gecelerinizi nerede geçireceğinize karar vermek sonra hayat tarzınıza, planlarınıza ve bütçenize uyan bir otel seçmek daha doğru olacaktır. Ve en baştan plan yaptığınıza emin olun, Londra'da pek çok otel vardır.

Londra'nın otelleri, özellikle lüks olanları yakın zamanda büyük bir yenilemeden geçmiştir. Kit Kemp's Firmdale gibi tasarımı ön plana çıkaran oteller moda barı ile birlikte Soho'yu da içerir. 1998'li yılları sonunda Chelsea'de açılmış olan Myhote, Terence Conran'ın ilk otelidir ve bir feng shui uzmanı tarafından "sakinlik cenneti" olarak tasarlanmıştır. Sonradan, bu oteli City'de Great Eastern Hotel'e (şimdi Andaz) çevirmiştir. Ian Schrager ve Philipe Starck New York havasını ve başarısını Londra'ya getirmiştir ve Sanderson ile St. Martin's Lame gibi yeni otellerin açılmasına neden olmuştur.

The Gore gibi butik oteller uzun zamandır başarı ile South Kensington'dadır. Lüks seçenekler hızla merkez Londra'ya yayılmıştır; Soho'da Hazlitt's, Fitzrovia'da Charlotte Street, Clerkenwell'de Rookery ve şehrin merkezindeki Threadneedles.

Ritz, Savoy, Berkeley, Claridge's ve Dorchester gibi daha geleneksel lüks otellerinin arasına Mandarin Oriental grubunun tamamen yenilenmiş Hyde Park Hotel'i katılmıştır. Diğer yenilenmiş oteller arasında Le Méridien Piccadilly ve St. Pancras Renaissance vardır. Her seviye lüksü, farklı fiyat seçenekleri ile yeni yapılmış otellerde bulabilirsiniz.

Çok önceden rezervasyon yaptırmak zorunludur. Ve rezervasyon yaptırırken özel indirimleri sorarak bütçenizi kurtarabilirsiniz. Bunlar arasında hafta sonları ve Şubat ayındaki sakin günler de vardır. Deluxe otellerde ve popüler iş otellerinde daha uygun fiyatlar bulabilirsiniz. Yeni oteller genellikle indirim önerir. Bazı otellerin ekonomik aile odaları vardır; örneğin her odada mutfağı olan Citadines London Trafalgar Square.

Rezervasyon yaptırırken depozito veya kredi kartı numaranızı isteyebilirler. Oda ücretlerini dikkatli kontrol edin, genellikle %20 vergi içerirler ama ara sıra fiyatlar vergisiz olarak yazılır.

Eğer ziyaretiniz sırasında yanlış giden bir şey olursa "duty manager" ile konuşun. Eğer sorun çözülmezse müdür ile görüşün ve bu sorunu yazıya dökün.

Visit London sitesinde bilgiler ve rezervasyon bölümünü bulabilirsiniz (www.visitlondon.com).

En iyi otellerin bazıları modern donanımların hepsini içermeyen eski binalardadır. Eğer konfor, servis veya başka konularda özel bir ihtiyacınız varsa rezervasyon yaptırmadan önce otelinizi kontrol edin.

Engelli ziyaretçiler kalacak uygun yerler için gerekli bilgileri Tourism for All bürolarından (c/o Vitalise, Shap Rd., Kendal, Cumbria LA9 6NZ, www.tourismforall.org.uk, 08451 249 971 veya 0044 1539 814 683 İngiltere dışı aramalar için) alabilirler.

Daireler

Daha uzun süre için ziyaret edenler belki haftalık servisli apartman daireleri kiralayabilirler. Ücretler şehir merkezinde bile oldukça rekabetli olabilir. Tatil için kiralama konusunda uzmanlaşmış firmalar arasında Coach House Rentals (www.chsrentals.com, 020 8772 1939) vardır. The Kings Wardrobe (www.bridgestreet.co.uk, 020 7792 2222) bünyesinde mütevazi, iyi ücretli daireler vardır ve St. Paul's Cathedral yakınlarındadır. No. 5 Maddox Street'in (www.living-rooms.co.uk, 020 7647 0200) süitlerinde iş istasyonları, balkonlar ve minimalist dekorlar vardır. Citadines London Trafalgar Square'in (www.citadines.com, 0800 376 3898)

189 basit stüdyosu ile bir ve iki odalı odalarının yeri eşsizdir. Citadines'in ayrıca Barbican, Holborn ve South Kensington'da da daireleri vardır.

Organizasyon
Burada listelenen oteller ilk olarak semte göre gruplandırılmıştır, sonra alfabetik olarak, fiyat kategorilerine göre sıralanmışlardır.

Fiyat Kategorileri
İki kişilik odaların yoğun sezonda ki fiyatları £ işareti ile verilmiştir.

£££££	£275 üstü
££££	£201–£275
£££	£151–£200
££	£75–£150
£	£75 altı

Semboller
🛈 *Oda sayısı*
🚇 *Metro*

THE CITY
Londra'nın kalbindeki oteller zariflikte tarihleri ile yarışırlar.

■ Andaz
£££££
40 LIVERPOOL STREET EC2
TEL 020 7961 1234
FAX 020 7961 1235
www.london.liverpoolstreet.andaz.hyatt.com
Conran büyük Viktorya tren istasyonunu almıştır ve stil kazandırılarak modern bir City oteline dönüştürülmüştür, şimdi Hyatt tarafından yönetilmektedir.
🛈 *267* 🚇 *Liverpool Street*

■ Threadneedles
£££££
5 THREADNEEDLE STREET EC2
TEL 020 7657 8080
FAX 020 7657 8100
www.theetoncollection.com
The City'nin orijinal butik oteli eski Midland Bank binasının içindedir. Odalarda plazma televizyonlar ve diğer aletler vardır.
🛈 *69* 🚇 *Bank*

■ Rookery
££££
12 PETER'S LANE, COWCROSS STREET EC1
TEL 020 7336 0931
FAX 020 7336 0932
www.rookeryhotel.com
Basit ama zevkli odaları ile Georgia sıra evleri Hazlitt'in başarılı yönetimi altındadır. (bkz s. 183)
🛈 *33* 🚇 *Farringdon*

WESTMINSTER
Londra'nın merkezinde, pek çok anahtar noktaya yakın bir yerdir. Başkentin en büyük otelleri, harika restoranları ve canlı barları mutlaka görmeniz gereken yerlerdir.

■ The Athenaeum
£££££
116 PICCADILLY W1
TEL 020 7499 3464
FAX 020 7493 1860
www.athenaeumhotel.com
Zarif konforlu ve lüks servisli Athenaeum'un odaları ve daireleri Windsor Lounge çayları ve spası kadar iyidir. Yüksek odalarda park manzarası vardır.
🛈 *156* 🚇 *Hyde Park Corner*

■ Brown's
£££££
ALBEMARLE STREET W1
TEL 020 7493 6020
FAX 020 7493 9381
www.brownshotel.com
Geleneksel İngiliz zarafetini Mayfair'in ortasında bulabilirsiniz. Burası tamamen yenilenmiştir. Şömine ateşi ve gıcırdayan zemin Mayfair'in eski konaklarının yansımasıdır. Özellikle geleneksel çay bulabilirsiniz.
🛈 *117* 🚇 *Green Park*

■ Claridge's
£££££
BROOK STREET W1
TEL 020 7629 8860
FAX 020 7499 2210
www.claridges.co.uk
Kraliçenin devlet konukları Buckingham Palace'den buraya taşınmıştır. Büyük köşe suitleri bulunur. Büyük odalarda Thierry Despont ve Diane von Furstenberg tarafından tasarlanan yemek odaları ve Gordon Ramsay'in yaptığı yemekler vardır.
🛈 *203* 🚇 *Bond Street*

■ The Connaught
£££££
CARLOS PLACE W1
TEL 020 7499 7070
FAX 020 7495 3262
www.the-connaught.co.uk
Londra otellerinin en ağzı sıkı olanında ünlüler bile isimsiz kalabilir. Yakın zamanda yenilenmiş olan otelde Michelin yıldızlı Hélène Darroze yemek yapar ve Coburg ile Connaught isimli iki harika barı vardır.
🛈 *122* 🚇 *Bond Street*

The Dorchester

££££££

PARK LANE W1
TEL 020 7629 8888
FAX 020 7409 0114
www.thedorchester.com

Lüks bir şekilde dekore edilmiş otelde çatı katı Oliver Messel odaları ve lüks bir spada bulunur. Ziyaretçiler harika Promenade çayının, barın ve restoranlarının tadını çıkarabilirler. Geleneksel Grill, üç yıldızlı Alain Ducasse ve zengin China Tang (Cantonese) de buradadır.

250 *Hyde Park Corner*

Four Seasons

££££££

HAMILTON PLACE
PARK LANE W1
TEL 020 7499 0888
FAX 020 7493 1895
www.fourseasons.com/london

2010 yılında yenilenmiş olan akıllı tasarımlı otelde harika odalar ve süitler vardır. Londra'nın en iyi şeflerinden bazıları modern Avrupa mutfağı sunan Four Seasons otellerinde çalışır. İkinci otel Canary Wharf'dadır. (Bkz s. 187)

192 *Hyde Park Corner*

Landmark Hotel

££££££

222 MARYLEBONE ROAD NW1
TEL 020 7631 8000
FAX 020 7631 8080
www.landmarklondon.co.uk

Nefes kesici Winter Garden'da tüm gün açık olan bir palmiye bahçesi vardır ve yenilenmiş Viktorya dönemi sonu binasına sahiptir. Büyük odaların güzel banyoları vardır. Yeri oldukça iyidir.

300 *Marylebone*

Le Méridien Piccadilly

££££££

21 PICCADILLY W1
TEL 020 7734 8000
FAX 020 7437 3574
www.lemeridienpiccadilly.co.uk

St. James's Mayfair'de ki kavşakta yer alan otel tam bir tiyatro cennetindedir. Ziyaretçiler harika odaların, müthiş bir spor salonu ve spanın, stil sahibi Oak Odasında beş çayının ve harika barların tadını çıkarabilirler.

266 *Piccadilly Circus*

Metropolitan

££££££

19 OLD PARK LANE W1
TEL 020 7447 1000
www.metropolitan.como.bz

Bu otelin harika tasarımı ve bununla eşleşen ziyaretçileri vardır, odalarını ve dairelerini mutlaka görün. Japon mutfağı sunan Nobu adlı restoranda yer bulmak zordur ama Met Bar eskisine göre daha az modadır.

150 *Hyde Park Corner*

The Ritz

££££££

150 PICCADILLY W1
TEL 020 7493 8181
FAX 020 7493 2687
www.theritzlondon.com

Green Park'a bakan lüks otelin boyalı ve parlak yemek odasının Londra'da bir eşi daha yoktur. Çay hayal kırıklığı yaratır ama bar oldukça stil sahibidir. Resmi giyim kurallarını unutmayın; kot ve spor ayakkabı yasaktır ve erkeklerin ceket ve kravat giymeleri zorunludur.

136 *Green Park*

The Stafford

££££££

16–18 ST. JAMES'S PLACE SW1
TEL 020 7493 0111
FAX 020 7493 7121
www.kempinski.com

Londra'nın en lüks ufak oteli, St. James's Street'te ufak bir sokağa sıkıştırılmıştır. Harika bir yemek odası ve 350 yıllık kilerinde stoklanmış harika şarapları vardır.

105 *Green Park*

The Trafalgar Hotel

££££££

2 SPRING GARDENS W1
TEL 020 7870 2900
FAX 020 7870 2911
www.thetrafalgar.com

Daha genç ziyaretçileri çekmek için tasarlanmış olan bu tarz sahibi otelin harika bir servisi, iyi bir tasarımı ve popüler bir Rockwell Barı ve çatı barı vardır.

129 *Charing Cross*

Durrants Hotel

££££

26–32 GEORGE STREET W1
TEL 020 7935 8131
www.durrantshotel.co.uk

Otel Georgia dönemi terasının oldukça yeni olduğu 1790 yılında açılmıştır ve aynı ailenin soyundan gelenler bugün de aynı konforlu servisi sürdürmektedir.

92 *Bond Street*

SOUTH BANK

Thames'in güney yakası boyunca yapılan bir gezinti, şehrin en etkileyici ve yeni bölgelerini görmenizi sağlar.

■ London Marriott County Hall

££££££

COUNTY HALL, WESTMINSTER BRIDGE ROAD SE1
TEL 020 7928 5200
FAX 020 7928 5300
www.marriott.co.uk

Otel eski London County Hall binasının bir parçasıdır. Bazı odaların nehir manzarası ve eğlence tesisleri vardır. Bilardo birinci sınıftır.

200 *Westminster/Waterloo*

■ London Bridge Hotel

££££

8–18 LONDON BRIDGE STREET SE1
TEL 020 7855 2200
www.london-bridge-hotel.co.uk

İyi ekipmanlı modern otel London Bridge'in hemen güneyindedir. Kısa bir yürüyüş ile popüler Borough pazarına ve City'nin barları ile restoranlarına ulaşabilirsiniz. Nehir manzarası yoktur.

138 *London Bridge*

■ Mad Hatter

££

3–7 STAMFORD STREET SE1
TEL 020 7401 9222
www.fullershotels.com

Yeni gelenleri karşılayan otel South Bank tiyatrolarının hemen arkasında, Blackfriars Bridge yakınındadır ve kısa bir yürüyüş ile City'e veya taksi ile West End'e ulaşabilirsiniz. Nehir manzarası yoktur.

30 *Blackfriars*

■ Premier Inn

££

COUNTY HALL, BELVEDERE ROAD SE1
TEL 0871 5278648
www.premierinn.com

Süslü olmayan, sade otel delüks London Marriott'un arkasında, harika bir yerdedir. Nehir manzarası yoktur.

313 *Westminster/Waterloo*

TRAFALGAR SQUARE & SOHO

Şehrin kalbi olan Trafalgar Square Londra'nın pek çok büyük çekim noktasına, tiyatrolara ve Soho'nun hareketli gece hayatına yakındır.

■ St. Martin's Lane

£££££

45 ST. MARTIN'S LANE WC2
TEL 020 7300 5500
www.stmartinslane.com

West End tiyatroları ile Covent Garden restoranları arasındaki Philippe Starck'ın dramatik bir şekilde minimalist odaları ve büyük barı dizayn seven müşterileri kendine çeker.

204 *Covent Garden/ Leicester Square*

■ The Soho Hotel

£££££

4 RICHMOND MEWS
DEAN STREET W1
TEL 020 7559 3000
www.firmdale.com

Tasarımcı Kit Kemp'in basit tuğla binalı altıncı Londra oteli (diğerleri için www.firmdale.com adresine bakınız) şehir stilini kasaba stili ile birleştirir.

91 *Tottenham Court Road*

■ Dean Street Townhouse

££££

71 DEAN STREET W1
TEL 020 7434 1775
www.deanstreettownhouse.com

Bu şık Soho oteli 2010 yılında açılmıştır ve zengin tarihli, dört katlı bir Georgia evinden dönüştürülmüştür. Kamu alanları zengindir, odaların orijinal özellikleri ve dekoratif renkleri çoğunlukla yumuşak kahverengilerden ve kirli beyazlardan oluşur. Popüler yemek odasında (müşteri olmayanlara da açıktır) geleneksel, klüp benzeri bir manzara ve harika bir atmosferde sunulan İngiliz yemeği, kahvaltı, öğle yemeği, çay ve akşam yemeği vardır.

39 *Tottenham Court Road*

■ Hazlitt's

££££

6 FRITH STREET W1
TEL 020 7434 1771
FAX 020 7439 1524
www.hazlittshotel.com

Bir zamanlar William Hazlitt'in (1778 – 1830) evi olan bu zarif bina şimdi Soho'nun kalbindeki bir kasaba evi otelidir. Antikalarla güzel bir şekilde dkore edilmiş odalar vardır. Tiyatro ve müze ziyaretini sevenler için idealdir. Eski bir bina olduğu için asansör yoktur ve oda servisi minimumdur.

30 *Tottenham Court Road*

■ Sanctum Soho Hotel

££££

20 WARWICK STREET W1
TEL 020 7292 6100
www.sanctumsoho.com

Bu modern, minimalist otelin Regent Street'e yakın harika bir lokasyonu, çatı katı bahçesi, terası ve barı vardır.

30 *Piccadilly Circus*

COVENT GARDEN'DAN LUDGATE HILL'E

Londra'nın kalbindeki bu harika lokasyondaki oteller büyükten küçüğe değişir.

■ One Aldwych

££££££

1 ALDWYCH WC2
TEL 020 7300 1000
FAX 020 7300 1001
www.campbellgrayhotels.com

Londra'nın en dinamik modern yeniliklerinden biridir. 1907 yılında uzun zaman önce kapanmış olan Mornin Post gazetesinin binası Gordon Campbell-Gray ve Mary Fox Linton tarafından bir sanat oteline dönüştürülmüştür. Duvarlarda ciddi sanat eserleri ve genişletilmiş harika bir sağlık spası vardır. İndigo restoranı ve yeni Axis restoranı da bulunur.

Morning Post 105 *Charing Cross*

■ The Savoy

£££££

STRAND WC2
TEL 020 7836 4343
FAX 020 7240 2398
www.fairmont.com/savoy

Londra'nın en ünlü otelinde City'nin West End ile buluştuğu lokasyondadır ve harika bir stili vardır. 2010 yılında, büyük bir yenilemenin ardından tekrar açılmıştır. Bir American Barı, Pavilion çay odası, River Room restoranı vardır ve hepsi en lüksüdür.

268 *Charing Cross*

■ Covent Garden

££££

10 MONMOUTH STREET WC2
TEL 020 7806 1000
FAX 020 7806 1100
www.firmdale.com

Ahşap panelli çizim odası ve atmosfer sahibi Tiffany Kütüphanesi, kişiselleştirilmiş parlak renkli odaları ile bu otel kentsel Londra'nın sevilen yerlerinden biridir.

58 *Covent Garden*

■ Crowne Plaza London—The City

££££

19 NEW BRIDGE STREET, EC4
TEL 0871 9429198
FAX 020 7438 8088
www.ichotelsgroup.com

Ludgate Hill ile Fleet Street arasındaki harika lokasyonlu otelin canlı bir barı ve harika Refettorio restoranı vardır. Otel eğlenceyi iş ile karıştırmanın harika bir yoludur.

203 *Blackfriars*

■ Haymarket Hotel

££££

1 SUFFOLK PLACE SW1
TEL 020 7470 4000
www.firmdale.com

Firmdale grubunun istikrarlı, harika otelleri güzel lokasyonlardadır. Haymarket tiyatro bölgesinin merkezindedir. Odalar sessiz ve sakindir, konforludur ve spor salonu ile havuzu vardır. Otel ayrıca güzellik servisleri de sunar.

50 *Piccadilly Circus/ Leicester Square*

■ The Fielding Hotel

££

4 BROAD COURT, BOW STREET WC2
TEL 020 7836 8305
FAX 020 7497 0064
www.thefieldinghotel.co.uk

Sessiz, basit otel Covent Garden Opera'sına yaya yolu ile bağlıdır.

25 *Covent Garden*

BLOOMSBURY

Bu bölge iyi otellerle, Bloomsbury müzeleri, Covent Garden ve West End tiyatroları ile doludur.

■ St. Pancras Renaissance Hotel

£££££

EUSTON ROAD NW1
TEL 020 7841 3540
FAX 020 7841 3579
www.marriott.co.uk

St. Pancras Station'da ki Midland Grand Hotel, 1935 yılında kapanmadan önce Londra'nın önde gelen istasyon otellerinden biriydi. Şimdi yenilenmiş olarak hizmet vermekte olan otel Londra'nın en yeni lüks otellerinden biridir.

245 *King's Cross St. Pancras*

■ Charlotte Street Hotel

££££

15–17 CHARLOTTE STREET WC1
TEL 020 7806 2000
FAX 020 7806 2002
www.firmdale.com

Akıllı, dost canlısı ve sizi rahatlatacak olan otel dönem binasındadır ve ufak bir spor salonu ile güvenilir Oscar restoranı vardır.

52 *Tottenham Court Road*

■ **The Montague Gardens üstünde**
££££
15 MONTAGUE STREET WC1
TEL 020 7637 1001
www.montaguehotel.com
Merkezdeki bu stil sahibi otel hayal gücü ile dekore edilmiştir ve detaylara önem verilmiştir. Odalarda cesur bir dekor ve kaliteli mobilyalar vardır.
100 *Holborn*

■ **Sanderson**
££££
50 BERNERS STREET W1
TEL 020 7300 1400
www.sandersonlondon.com
St. Martin's Lane (bkz s. 183), Schrager-Starck ortaklığının yarattığı minimalist odalar ve kalabalık kamu alanları vardır. Long Bar'ı ve spasını deneyin.
150 *Oxford Circus*

■ **Academy**
£££
21 GOWER STREET WC1
TEL 020 7631 4115
www.theetoncollection.com
Beş Georgia evindeki lüks mobilyalı ve sanat eserli bu otel İngiliz tarihinin peri masalı tarzını yansıtır.
49 *Goodge Street*

■ **The Harlingford**
££
61-63 CARTWRIGHT GARDENS WC1
TEL 020 7387 1551
www.harlingfordhotel.com
Bütçesine rağmen, tüm misafirler süit banyoların ve modern stilde dekore edilmiş odaların tadını çıkarırlar. Yönetim arkadaş canlısıdır ve bitişikte bir bahçesi ve tenis kortu vardır.
44 *Russell Square/Euston*

■ **Morgan Hotel**
££
24 BLOOMSBURY WC1
TEL 020 7636 3735
FAX 020 7636 3045
www.morganhotel.co.uk
British Museum'a yakın harika lokasyonlu bu mütevazi oteli iyi değerlere sahip bir aile yönetir. Hem odaları, hem de ufak daireleri vardır.
21 *Tottenham Court Road*

■ **Generator**
£
37 TAVISTOCK PLACE WC1
TEL 020 7388 7666
FAX 020 7388 7644
www.generatorhostels.com
Çelik, krom ve görünür boruları ve devasa boyutu, canlı barı ve internet odası ile görünümü basit, fiyatlar düşüktür ve ziyaretçiler modern ve mutludur. Çoğu odası yurt odası şeklindedir.
848 yatak *Russell Square*

KENSINGTON & SOUTH KENSINGTON

Hyde Park yakınlarındaki bu konut alanında birkaç kasaba evi oteli ve bazı harika müzeler bulunur.

■ **Baglioni**
£££££
60 HYDE PARK GATE SW7
TEL 020 7368 5700
www.baglionihotels.com
Kensington Palace'in yakınındaki Viktorya konağına kurulu otelin kolay bir atmosferi, şık ve modern bir dekoru vardır ve odalar espresso makinesi dahil her türlü konfora sahiptir. Büyük bir spası da vardır.
68 *High Street Kensington*

■ **Aster House**
£££
3 SUMNER PLACE SW7
TEL 020 7581 5888
www.asterhouse.com
Bu sıcak otelin harika bir servisi vardır. Detaylara önem verir ve bahçesinde bir ördek havuzu ile kahvaltı için harika, zevk dolu ve yeşillik içinde bir serası vardır.
13 *South Kensington*

■ **The Gore**
£££
190 QUEEN'S GATE SW7
TEL 020 7584 6601
www.gorehotel.com
Neredeyse bir yüzyıl önce açılmış olan Gore dikkatle korunmuş bir Viktorya binasındadır ve detaylı lambrileri, eğrelti otu saksıları, kilimleri ve görkemli vitraylı camları vardır. Aynı bina güzel ve kaliteli Bar One Ninety ve Bistro One Ninety'e (020 759 6705) ev sahipliği yapar.
50 *South Kensington*

■ **The Sumner**
£££
54 UPPER BERKELEY STREET MARBLE ARCH W1
TEL 020 7723 2244
FAX 0870 7058767
www.thesumner.com
South Kensington'da ki harika Sumner Place oteli yeniden dekore edilmiş daha büyük bir Marylebone kasaba evinde genişlemiştir. Çalışanları dikkatli ve özenlidir.
20 *Marble Arch*

■ Gallery Hotel
££

8-10 QUEENSBERRY PLACE SW7
TEL 020 7915 0000
FAX 020 7915 4400
www.eeh.co.uk

Elegant English Hotels zincirinin ana gemisi olan otel (zincir Londra'da ki Gainsborough ve Willett'i de içerir) harika servis sunar ve iyi mobilyalı Viktorya dönemi binalarındadır.

36 *South Kensington*

■ London Vicarage Hotel
££

10 VICARAGE GATE W8
TEL 020 7229 4030
FAX 020 7792 5989
www.londonvicaragehotel.com

Bu sıvalı Viktorya kasaba evi daha ölçülü odalar sunar ve ambiansı rahatlatıcıdır.

17 *High Street Kensington/Notting Hill Gate*

■ The Mayflower Hotel
££

26-28 TREBOVIR ROAD SW5
TEL 020 7370 0991
FAX 020 7370 0994
www.mayflowerhotel.co.uk

Bu otelin modern, iyi döşenmiş odaları ve egzotik, kolonlu tavanında vantilatörleri vardır. Ayrıca yakında iki kardeş oteli vardır: Twenty Nevern Square Hotel ve New Linden Hotel.

48 *Earl's Court*

■ The Rushmore Hotel
££

11 TREBOVIR ROAD SW5
TEL 020 7370 3839
FAX 020 7370 0274
www.rushmore-hotel.co.uk

Freskli duvarları, dökümlü yatakları ve zarif kahvaltı odası ile iyi bir servisi vardır.

22 *Earl's Court*

CHELSEA, BELGRAVIA, & KNIGHTSBRIDGE

Stil sahibi Londralılar ve yabancı diplomatlar Londra'nın en lüks semtinin en ağzı sıkı otellerini tercih ederler.

■ The Berkeley
£££££

WILTON PLACE SW1
TEL 020 7235 6000
www.the-berkeley.co.uk

Burası geleneksel olarak yönetilen modern bir oteldir: lobide şömine, çok sayıda çiçek aranjmanı, geniş odalar ve vale servisi. Harika çatı katı spor salonu ve havuzu, buna eşit bir barı, Marcus Wareing's Pétrus ve restoranı vardır.

214 *Hyde Park Corner*

■ The Capital
£££££

22 BASIL STREET
KNIGHTSBRIDGE SW3
TEL 020 7589 5171
FAX 020 7225 0011
www.capitalhotel.co.uk

Bilinçli bir şekilde dizayn edilmiş bu otelde mısır pamuğu çarşaflar hem odalardaki, hem de dairelerdeki yatakları kaplar. Capital restorandaki yemekleri Eric Chavot yapar.

49 *Knightsbridge*

■ The Goring
£££££

BEESTON PLACE
GROSVENOR GARDENS SW1
TEL 020 7396 9000
FAX 020 7834 4393
www.thegoring.com

1910'dan beri Goring ailesi tarafından yönetilen bu otel harika bir konukseverlik ve servis vaat eder ve her bir oda kişisel olarak tasarlanmış ve dekore edilmiştir. Harika restoranı hem geleneksel hem de modern İngiliz mutfağını sunar. Klüp benzeri barı da birinci sınıftır.

71 *Victoria*

■ The Halkin
£££££

HALKIN STREET SW1
TEL 020 7333 1000
FAX 020 7333 1100
www.halkin.como.bz

Harika tasarımlı otelin dekorasyonu klasik İtalyan stilinden esinlenmiştir ve harika bir havalandırması, ışık kontrolü ve Armani giymiş bir ekibi vardır. Ayrıca Nahm adlı ve Michelin yıldızlı modern bir Thai restoranı vardır.

41 *Hyde Park Corner*

■ Jumeirah Carlton Tower
£££££

CADOGAN PLACE SW1
TEL 020 7235 1234
FAX 020 7235 9129
www.jumeirah.com

Etkileyici modern otelin yüksek yüzme havuzu ve spor klübü her seviyede en üst düzey servisi gösteirr. Çay için Chinoiserie Lounge, Rib Room

ve geleneksel yemek için Oyster Bar vardır. Harrods ve öbür alışveriş imkanları için oldukça iyi bir lokasyondadır.
220 *Knightsbridge*

■ The Lanesborough
££££
HYDE PARK CORNER SW1
TEL 020 7259 5599
FAX 020 7259 5606
www.lanesborough.com
Hyde Park Corner'daki modern geleneksel otelin içi 19. yüzyıl neoklasik binasıdır ve pahalı bir dekorasyon ile çok konforlu odalar sunar. Conservatory restoranı şelaleri ve palmiyeleri ile uluslar arası mutfaklardan yemekler sunar. Eğer isterseniz uşak servisi de vardır.
95 *Hyde Park Corner*

■ Mandarin Oriental Hyde Park
£££££
66 KNIGHTSBRIDGE SW1
TEL 020 7235 2000
FAX 020 7235 2001
www.mandarinoriental.com
Harika Edward dönemi otel oldukça lüks şekilde dekore edilmiştir. Büyük odalarında (Hyde Park manzaralı bir oda isteyin) geniş banyoları vardır. İki sıra dışı restoranı arasında Daniel Boulud tarafından yönetilen bir Fransız barı olan Boulud ve ilk Londra'nın ilk üç yıldızlı Michelin yıldızlı şefi Heston Blumenthal'dan Dinner by Heston Blumenthal adlı restoranı vardır.
198 *Knightsbridge*

■ The Knightsbridge
££££
10 BEAUFORT GARDENS SW3
TEL 020 7584 6300
FAX 020 7584 6355
www.firmdale.com
Knightsbridge'de alışveriş için harika bir yerde olan otelin lüks odaları vardır. Barı, restoranı veya spor salonu yoktur ama harika bir odaya servis menüsü vardır.
44 *Knightsbridge*

■ The Rockwell
£££
181-183 CROMWELL ROAD, SW5
TEL 020 7244 2000
www.therockwell.com
Londra'nın en yeni açılmış otellerinden biri tarihi bir binadadır. Odaların hepsi farklıdır ancak hepsi zarif ve modern bir stilde döşenmiştir.
40 *Earl's Court*

■ B&B Belgravia
££
64-66 EBURY STREET SW1
TEL 020 7259 8570
FAX 020 7259 8591
www.bb-belgravia.com
Perdelik kumaşlardan uzak olan bu taze ve modern kaliteli otel yeni bir B&B anlayışı getirir ve kaliteli yatakları keten kaplıdır. Power duşlarından taze kahvaltı malzemelerine kadar pek çok lükse sahiptir.
17 *Victoria*

■ Morgan Guest House
££
120 EBURY STREET SW1
TEL 020 7730 2384
www.morganhouse.co.uk
Harika bir oda-kahvaltı oteli olan güzel, iyi bir lokasyondaki Pimlico, iyi kahvaltılar sunar. Bazı odalar banyoyu paylaşır. Dört kişilik odaları da bulunur.
11 *Victoria*

DOĞU LONDRA
Yenilenmiş Doğu Londra canlı sanat manzaraları ve sokak pazarları ile şehrin en havalı bölgelerinden birine dönüşmüştür.

■ Four Seasons Canary Wharf
£££££
46 WESTFERRY CIRCUS E14
TEL 020 7510 1999
FAX 020 7510 1998
www.fourseasons.com
Canary Wharf'ın ilk delüks oteli havuz, spa ve tenis kortu gibi modern olanakları ile ziyaretçileri kendine çeker.
142 *Canary Wharf*

■ The Zetter Hotel
££££
86-88 CLERKENWELL ROAD EC1
TEL 020 7324 4444
www.thezetter.com
Bu havalı, çatı oteli, 19. yüzyıl deposundan restore edilmiştir ve 1970'li yılların mobilyası ile dekore edilmiştir. Eski kitaplar ve modern teknoloji bulunabilir.
59 *Farringdon*

■ The Hoxton
£££
81 GREAT EASTERN STREET EC2
TEL 020 7550 1090
www.hoxtonhotels.com
Londra'nın en moda semtinin en moda oteli yerel sanatçıların eserleri ile dekore edilmiştir.
205 *Shoreditch High Street*

İNDEKS

Harita resimleri *italik* olarak belirtilmiştir

İNDEKS

İNDEKS